Vorsicht Golfer!

ERNST FISCHER · HERBERT RIEHL-HEYSE
LUIS MURSCHETZ

VORSICHT GOLFER!

ULLSTEIN

Vorwort

Vorsicht Golfer! Sie schlagen zu vom Morgengrauen bis in die Nacht. Sie schlagen zu, bis kein Gras mehr wächst. Egal, ob fett oder dünn getroffen, Hauptsache, der Ball fliegt. Kein Weg ist ihnen für ihren Sport zu weit. Kaum ist die Platzfreigabe errungen, brechen sie auf in die weite Welt. Und sie wollen immer weiter und präziser schlagen und deshalb rüsten sie ständig auf, denn nicht sie, sondern das Gerät ist noch nicht perfekt.

Vorsicht Golfer! Sie reden unentwegt über ihren Sport, in einer Sprache, die kein Außenstehender versteht. Am allerliebsten reden sie über ihr eigenes Spiel. Das interessiert zwar die anderen nicht, aber sie tun es ohne Unterlass. Sie spielen nach Regeln, die ganz einfach sind, und doch ist das Regelwerk dick wie das Bürgerliche Gesetzbuch. Und sie leben mit dem Wahlspruch: Lieber im Rough als im Büro.

Vorsicht Golfer! Was sind das nur für Menschen? Sie verlassen Familie und Freunde, setzen Karriere und Geschäft aufs Spiel, nur um einem kleinen, weißen Ball hinterherzujagen. Dabei treibt sie ihr Hobby oft zur Verzweiflung: Es gibt nämlich wenig Glanz und viel Elend auf Fairways und Grüns. Dennoch halten sie es mit Winston Churchill, der einmal gesagt hat, Golf ist das größte Vergnügen, das dem Menschen vergönnt ist, ohne dass er sich ausziehen muss.

Traumabschläge

Wo Bälle besonders schön ins Fliegen kommen

Wenn ich – als Laie und begeisterter Beobachter der Szene – das Geheimnis der Faszination Golf richtig verstehe, dann geht es vor allem darum, in allen Lebenslagen interessant darüber reden zu können: Aus welch aussichtsloser Situation – der Ball war praktisch einen halben Meter im Sand vergraben – ich trotzdem schon einmal zu einem Birdie gekommen bin. Oder wahlweise: Wo in aller Welt ich schon mal abgeschlagen habe.

Als alles anfing hierzulande, da genügten zum Renommieren ja schon Zauberwörter wie Feldafing oder Falkenstein, von welchen idyllisch gelegenen Orten ein paar Fachleute wussten, dass es da einen Golfplatz geben soll; damals war im Übrigen Golf an sich schon exotisch. Inzwischen, wo praktisch jede niederbayerische Kleinstadt über drei 18-Loch-Plätze verfügt, braucht es schon ein bisschen mehr, um sich von den Clubspielern Krethi und Plethi zu unterscheiden. Natürlich wäre auch Handicap 3 nicht schlecht, aber wenn einem das der Herr nicht in die Wiege gelegt hat, dann muss eben die geografische Lösung für Ruhm und Nachruhm des Golfers sorgen. Deshalb spielt man ja so gerne in Portugal, in Florida oder in Dubai.

Sagen wir besser: spielte man. Neuerdings kennt ja leider jeder bessere deutsche Golfer jeden Platz im costa-ricanischen Busch, da ist es höchste Zeit für weitergehende revolutionäre Vorschläge. Hier eine kleine Auswahl an strategischen Punkten, von denen garantiert noch nie einer abgeschlagen hat. Was spricht beispielsweise gegen die Sahara, die ja in Wahrheit ein einziger riesiger Sandbunker ist – und das Green wäre die Oase? (Aber bitte aufpassen auf die Fata Morgana: Wer auf die Fahne zielt, die in Wahrheit gar nicht vorhanden ist, wird am Ende wenig gewinnen können.)

Andererseits ist die Wüste als solche vielleicht zu flach, um wirklich – man muss ja auch an Fotos denken – viel damit hermachen zu können. Gute Argumente gibt es deshalb auch für einen Abschlag vom Gipfel des Montblanc, auf dem erstens wenig Gedränge herrschen wird und von dem aus zweitens der Ball wirklich gut ins Fliegen kommt; fast so gut wie vom Mond aus, auf den ja auch schon mal ein Astronaut seine Schläger mitgenommen hat. Und wäre nicht – eine andere Variante – der gewaltige erste Abschlag über einen ganz großen Abgrund hinweg die ultimative Herausforderung? Was gäbe es also Verlockenderes als einen Golfplatz, der auf der einen Seite des Ärmelkanals beginnt und auf der anderen Seite weitergeht? Auch das Heli-Golfing wäre gewiss eine schöne Möglichkeit, vielleicht von Inselchen zu Inselchen auf den Malediven.

Dies können aber sowieso nur ein paar Vorschläge eines Menschen sein, der es gut meint mit all jenen Golfern, die sich ohne seine Anregungen vielleicht allzu sehr langweilen müssten. Anderes kann ich hier nur andeuten, auch mit den gebotenen einschränkenden Hinweisen: Der Grand Canyon etwa ist ein großartiges Gelände, aber ein wenig zerklüftet, der Kölner Dom hätte die schönste Architektur, bietet aber vielleicht nicht die größte Standfestigkeit beim Abschlag. Und dann wären da natürlich noch Feldafing und Falkenstein. Ach so, das hatten wir schon? Ist aber inzwischen schon wieder ziemlich exotisch. *rhy*

Die Pflicht ruft

Warum die Teilnahme an Firmen-Turnieren mitten in der Woche kein schlechtes Gewissen macht

Was, Sie spielen noch nicht Golf? Und Ihre Firma hat noch kein eigenes Golfturnier? Wie machen Sie eigentlich Geschäfte, wie kriegen Sie Aufträge herein, wie lernen Sie neue Kunden kennen, wie pflegen Sie die alten? Ganz ehrlich gesagt, wir machen uns Sorgen. Um Sie und Ihr Unternehmen. Könnte es sein, dass Sie auf dem Weg in die gesellschaftliche und berufliche Isolation sind? Ach, Sie joggen lieber. Sehr einsame Sache, das. Und wenn Sie wirklich jemanden dazu kriegen mitzulaufen, da hecheln Sie dann nebeneinander her und hinterher hängen Sie wort- und atemlos hinter einem Mineralwasser und können von Glück reden, dass Sie keinen Notarzt gebraucht haben.

Sport bringt Menschen zusammen. Auch Manager. Die Frage ist nur wie? So ein paar Runden Boxen sorgen zwar für intensive Kontakte, aber es kommt relativ selten vor, dass jemand zu guten Beziehungen bereit ist, dem Sie vorher die Fresse poliert haben. Und wenn Sie sich aus Geschäftsgründen regelmäßig dieselbe haben polieren lassen, dann bringt Ihnen das auf Dauer auch keinen Spaß. Fußball scheidet sowieso aus, zu viele Leute für ein intimes Gespräch und die meisten Manager fühlen sich im engen Leiberl auch nicht so wohl. Tennis, nun gut, das können viele und man spielt es zu zweit. Aber das Netz stört nicht nur beim Spiel, sondern auch bei der Kommunikation und viele Erfolgreiche haben lädierte Knie und man schwitzt und abgekämpft sieht selbst ein dynamischer Geschäftsmann nicht mehr so dynamisch aus.

Jetzt nehmen Sie mal Golf. Sie schlendern gemütlich viereinhalb oder fünf Stunden gemeinsam durch Wiesen und Wälder, Sie sind manierlich angezogen, die Fairways sind weich wie ein Teppichboden, da schmerzt kein Knie, man schlägt nicht auf Menschen, sondern auf kleine Bälle. Viel Zeit, um zu reden, bis ins Detail. Ab und zu gelingt jedem ein hübscher Schlag, man lobt sich, man tröstet sich (ja, das tun Golfer gerne, auch wenn viel geheuchelt wird), und wenn es am Ende knapp hergeht, da verschieben Sie einfach ein paar Putts, damit Sie nicht versehentlich gewinnen. So etwas bereitet das Klima für eine lang anhaltende geschäftliche Freundschaft.

Nach der Runde ist man taufrisch, man sitzt noch beieinander, die Gastronomie in Golfclubs ist häufig beachtlich, die Getränkekarte umfänglich. Große Deals sind nach solchen Golfrunden auf den Weg gebracht worden. Gut, zwischen Dresdner und Deutscher Bank wurden damals wahrscheinlich ein paar Putts zu viel geschenkt, aber normalerweise klappt es. Und bei Mannesmann und Vodafone sind ganz offensichtlich ein Einhand-Segler und ein Radfahrer aufeinander getroffen. Wenn man sich vorstellt, die beiden hätten ein paar freundliche Runden Golf gedreht...

Golfspielen ist gut, ein eigenes Golfturnier ist noch besser. Dann können Sie alle Leute haben, die Sie brauchen, und Sie können Leute zusammenbringen, die schon immer gern miteinander gespielt hätten. Da kommt zusammen, was längst zusammengehört. Bank, Bier und Limonade, Beton und Software, Müll und Medien. Bleibender Dank wird Sie belohnen. Mit Absagen müssen Sie übrigens nicht rechnen. Das ist wichtig, da muss ich hin, sagt der Chef im Sekretariat. Er jammert noch ein wenig über diese vielen Golfeinladungen, aber das Bag hat er längst gepackt, die Reise ist gebucht und den Platz hat er schon Wochen zuvor ausprobiert.

Wir verstehen uns: Der Mann hat kein schlechtes Gewissen, wenn er sich mitten in der Woche vor der Arbeit drückt. Und Sie sind es, der ihm den freien Tag schenkt. Also: Lernen Sie schleunigst Golf, machen

Sie bald Ihr eigenes Turnier! Und beeilen Sie sich, es sind nicht mehr so viele Termine frei. Also, was mich angeht, so können Sie mich noch am 6. September buchen, das ist nach dem Turnier meines Autohauses und vor dem dieses großen Bauträgers mit den wunderbaren Halfway-Hostessen. Also, der 6. September wäre gut. Der Ort spielt keine Rolle, München oder Mannheim, Mallorca oder Miami. Fürs Geschäft, für ein wichtiges Gespräch, für einen guten Kontakt ist mir kein Weg zu weit. Und das bisschen Golf, das spielen wir auch noch herunter. *fi*

Naturtalent

WELCHE WENIG ÜBERZEUGENDEN GRÜNDE ES GIBT, NICHT MIT GOLF ANZUFANGEN

Wie meinen Sie? Warum ich nicht längst Golf spiele? Interessante Frage, die ist mir in den letzten Jahren höchstens tausendmal gestellt worden. Ich hätte sie auch längst beantwortet, wenn ich eine einfache Antwort wüsste. Ich habe aber höchstens eine komplizierte. Zu der muss ich ein wenig ausholen, wie zu einem weiten Abschlag über breites Wasser.

Vielleicht sollte ich vorausschicken, dass ich ein golferisches Naturtalent bin. Ich weiß das deshalb so genau, weil ich zwei große Erfolgserlebnisse hinter mir habe. Noch heute redet meine Familie von dem Tag, an dem ich, es war Ende der 70er Jahre in Bibione/Adria, bei einem kleinen Minigolfwettbewerb zwei Konkurrenten mühelos hinter mir gelassen habe. Ich musste auch nur ganz wenig die Zettel fälschen, auf denen die Zahl meiner Schläge eingetragen war.

Zehn Jahre später haben wir dann zu viert eine Reise durch Irland gemacht – und selbstverständlich war einer der Höhepunkte des Trips, dass wir uns mit Hilfe frecher Lügen Zutritt verschafft haben zu ein paar schönen Golfplätzen. Man hat uns, weil wir so sachverständig aussahen, auch ohne weiteres das nötige Equipment vermietet, von dem wir freilich mit Mühe wussten, wie herum man die Schläger halten musste. Wir hatten, als wir die ersten Schläge probierten, viele emotional aufgewühlte Zuschauer im Clubhaus; bei Galwick gibt es einen Platz, an dem – bei Loch drei – noch Monate später ein großes Stück Rasen gefehlt haben soll.

An dieser Stelle muss ich nun, um Ihre Verblüffung komplett zu machen, wohl noch darauf hinweisen, dass ich zu allem Überfluss Tennisspieler bin, von denen ja bekannt ist, dass sie praktisch dieselben Schläge ausführen wie die Golfer, nur härter, schneller und mit längerem Anlauf! Unter diesen Umständen, da haben Sie Recht, könnte ich ohne weiteres schon morgen als Golfer anfangen und mich im nächstgelegenen Club im Münchner Westen gleich an der Spitze einordnen; damit ich endlich auch so angeben kann wie all die Freunde, die früher ebenfalls Tennis gespielt haben und nun ganze Abende damit zubringen, mir von ihren Birdies und Eagles zu erzählen, oder wie die Vögel sonst noch heißen mögen.

Warum ich mich trotzdem noch nicht habe entschließen können? Ich glaube nicht, dass ich dafür besonders überzeugende Gründe habe. Es ist nur so, dass es zu viele Detailfragen gibt, die mir noch niemand überzeugend beantwortet hat.

Hier nur eine kleine Auswahl: Wer schenkt mir zum nächsten Geburtstag, gegen meinen Willen, die Grundausstattung? Braucht man vor jedem Schlag einen eigenen Eisen-Berater? Welche neuen Leute muss ich kennen lernen beim Golfen? Und muss ich auf dem Platz dauernd mit fremden Bankern über meine Aktienpakete reden, die ich aber gar nicht habe?

Des Weiteren will ich endlich wissen, ob es beim Kampf ums Handicap einen Journalistenrabatt gibt. Und letztlich, woher ich die viele Zeit nehmen soll, die man zum Golfen braucht. Schwierige Fragen, komplizierte Antworten, wie ich fürchte. Bin aber schon wieder schwer am Grübeln. Werde sicher bald zu einem Ergebnis kommen. Dann wird die Golfwelt aufhorchen. Übrigens habe ich mir bereits ein Golfkäppi gekauft. Jetzt brauche ich nur noch die Schläger, die Bälle, die Hosen, den Trainer, einen Club. Und den nötigen Antrieb halt, aber der ist bekanntlich das Wenigste. *rhy*

Schnurzis und Purzis

Wie man den wirklich exklusiven Golfclub herausfinden kann

War das wieder eine schöne Auftaktrunde! Toni, der Lehrer, war dabei, Florian, der Schreinermeister, und der Hammerstingl mit seinem seltsamen Schwung. Vor uns der junge Architekt, der so furchtbar draufhaut, und hinter uns der Typ mit seinem Polstergeschäft, der auf der Runde fortwährend jammert. Weit und breit kein gekröntes Haupt auf dem Platz, kein Bayern-Prinz oder ein millionenschwerer Unternehmer oder ein millionenschwerer Fußballer oder einer der zahllosen bedeutenden Menschen, die man aus den zahllosen Talkshows im Fernsehen kennt. Das mag an unserem Club liegen, der nicht allzu nah an der großen Stadt liegt. Aber, man muss es einfach zugeben, Golf ist halt generell nicht mehr ganz so exklusiv, wie sich das viele denken und manche wünschen.

Es gab einmal Zeiten, und die sind noch gar nicht so lange her, da wussten die meisten gar nicht, dass es diesen Sport überhaupt gibt. Und die wenigen, die ihm nachgingen, machten kein Aufhebens davon. Damals stand Golf noch mehr als heutzutage im Ruf, eine Beschäftigung für reiche und verwitterte Menschen zu sein, die mit Rücksicht auf ihre morschen Knochen vorsichtig über weichen Rasen wandern und ab und zu einen dünnen Schläger auf ein kleines Bällchen fallen lassen, um dieses zu einem kleinen Löchlein hin zu bewegen. Es muss allerdings auch schon seinerzeit jüngere Athleten gegeben haben, weil mich in den siebziger Jahren einmal eine Angebetete ganz aufgeregt und mit leuchtenden Augen auf einen schmalen Anfangsdreißiger hinwies. Der spielt Golf, wisperte sie.

Ich kann nicht behaupten, dass mir Golf dadurch sympathischer wurde.

Dann machte plötzlich ein blonder Maurerssohn aus Anhausen bei Augsburg von sich reden. Das Fernsehen zeigte Bilder von Golfturnieren irgendwo auf der Welt. Zur selben Zeit klagten zigtausende mittelalterliche Menschen, die seit Jahren Tennisbällen hinterherliefen, über Rücken- und Kniebeschwerden und schauten sich nach einem weniger aufreibenden Freizeitvergnügen um. Der Golfboom war da. Dieser führte allerdings auch dazu, dass Herr Meier auf der Driving Range plötzlich Herrn Huber wiedertraf, den er schon im Tennisclub für nicht tragbar hielt, weil er sozusagen auf die Exklusivität drückte. Und ganz besonders Frau Huber, die kracherte Gattin.

Kein Wunder, dass sich Herr Meier nach einem anderen Club umsah. Aber wie findet man ihn, den exklusiven Golfclub? Wo kann man Krethi und Plethi, Hinz und Kunz und Herrn und Frau Huber vermeiden? Hier also ein paar Tipps: Eine Aufnahmegebühr über 30000 Euro, das kann schon mal helfen, wenngleich man da vor Neureichen, vor allerlei Schnurzis und Purzis nicht sicher sein kann. Lohnend kann auf jeden Fall ein Blick in die Küche des Clubrestaurants sein. Werkelt da ein Sterne-Koch oder schmieren ein paar Hausfrauen Schmalzbrote? Bietet die Speisekarte Petersfisch auf Lebkuchensoße mit Ananascoulis oder gibt es Gulasch mit Knödel und Wurstsalat? Spielt man Bridge im Nebenzimmer oder sitzen mitten im Restaurant ein paar laute Schafkopfer zusammen? Sind ein paar Monatsbecher im Turnierprogramm verzeichnet oder wenigstens zwanzig Benefizveranstaltungen? Ist die Clubsekretärin ein wenig adelig oder nicht?

Auch auf dem Gelände finden sich Entscheidungshilfen. Schreit alle paar Augenblicke einer laut »Sch...« Oder fluchen die Leute vornehm vor sich hin? Stehen ein paar abgenagte Fußabkratzer herum oder stehen menschliche Schuhputzer zur Verfügung? Spielen die Leute in

Blue Jeans oder mit scharfen Bügelfalten? Finden sich viele Bälle im Rough und liegen Tees auf dem Abschlag herum? Letzteres ist besonders wichtig. Sehen Sie weit und breit nicht eine einzige dieser hölzernen Abschlaghilfen, dann sind Sie im Club der Millionäre, des alten Geldes. Altes Geld ist bekanntlich sparsam, ja fast geizig. Ich kenne einen wohlhabenden Landbaron, der kommt pro Saison mit fünf Tees aus, wenn nicht, schnitzt ihm seine handwerklich begabte Gattin ein paar Ersatzhölzchen.

Was mich selbst angeht, so leide ich schon ein bisschen unter dem Exklusivitätsverlust, den der Golfsport gerade durchmacht. Obwohl ich den Toni, den Florian und den alten Hammerstingl mit seinem seltsamen Schwung vermissen werde – ich liebäugele, ehrlich gesagt, mit Polo. Sie wissen schon, dieses elegante Spiel der Auserwählten, hoch zu Ross mit den langen Schlägern und dem Ball, der im Lauf eines Nachmittags sogar ein paar Mal getroffen wird. Und den schönen Frauen am Spielfeldrand. Das Problem ist nur noch, wie kriege ich die Pferde in meine Wohnung im vierten Stock? *fi.*

Versagensängste

Warum die Furcht vor dem ersten Mal so gross ist

Nun schreibe ich also wieder einmal über das Golfen, und auch diesmal wieder tue ich das in meiner Eigenschaft als Nichtgolfer. Ich bin sehr gespannt, wie lange ich das noch durchhalte, der ich mich langsam durchaus ein wenig geniere für meine hartnäckige golferische Inkompetenz. Immerhin weiß ich jetzt endlich, nach langem Nachdenken, warum ich noch immer nicht den Schläger schwinge: Es ist die Angst vor der ersten Stunde.

Die Sache ist nämlich die, dass es schon alle möglichen Versuche gegeben hat, mich davon zu überzeugen, wie sehr ich das Glück meines Lebens mit Füßen trete, wenn ich mich weiter dem Sport verweigere, der mich gleichzeitig gesund und süchtig machen wird. Da hat man natürlich offene Türen bei mir eingerannt. Lange Zeit habe ich den es wohl gut mit mir meinenden Leuten zu verstehen gegeben, dass ich sowieso alles einsehe, es habe sich halt nur leider bis jetzt noch nicht ergeben; und wahrscheinlich bräuchte ich als letzten Anstoß nur jemanden, der mich an der Hand nimmt und mir dann ein Eisen 6 in dieselbe drückt. So vergingen die Jahre und ich wiegte mich in der Illusion, ich sei mehr oder weniger ohnehin ein Golfer, nur eben noch kein so richtig praktizierender.

Vor einem Jahr hat sich das nun alles geändert, da haben meine Frau und ich nämlich, aus Anlass eines etwas runderen Geburtstags, von einer lieben, dem Golfsport verfallenen Freundin plötzlich zwei Golfhandschuhe geschenkt bekommen, samt einem Gutschein für ein Einführungswochenende mit Trainer. Glücklich habe ich da alles entgegengenommen; aber gleichzeitig muss mein Unterbewusstsein damit begonnen haben, in Panik zu geraten. Ich erkläre mir das mit tief sitzenden Ängsten und Vorurteilen, an die ich gar nicht hinkomme, weil sie ja so tief sitzen. Und suche nach Gründen: Vielleicht habe ich als kleiner Junge aus kleinen Verhältnissen zu sehr unter großkotzigen Tennisspielern gelitten, um mich jetzt schon wieder einer Sorte von Sportsleuten aussetzen zu wollen, denen man – sicher grundlos – nachsagt, sie führten sich so auf wie früher die Tennisspieler? Oder ich fürchte mich davor, am Rande des fünften Loches einem mit mir über den Platz gehenden Bankdirektor Auskunft geben zu müssen über die Entwicklung meines Aktienpakets, das erstens gar kein Paket ist und mir zweitens gerade den Kummer bereitet, von dem ich mich mit Golfen ablenken will. Weil das alles aber nichts wirklich erklärt, bleibt drittens mein dringendster Verdacht: Wahrscheinlich handelt es sich um die bekannten Versagensängste, die Furcht, dass ich mich blamieren könnte und jeder es erfährt: Wie ich einmal 17 Schläge gebraucht habe, um aus dem Bunker zu kommen, und wie tags darauf alle im Büro darüber gelacht haben.

Spinnereien, irrationale Sorgen, klar – in Wahrheit weiß ich ja, dass ich eine große Bereicherung der Golfwelt sein würde, wenn ich nur die Chance hätte, das Golfen irgendwann zu lernen. Für nächstes Wochenende waren wir übrigens wieder einmal mit unserer Freundin fest verabredet zum ersten Training. Und jetzt? Jetzt stellt sich leider heraus, dass ich genau an dem Tag Besuch bekomme, von Leuten übrigens, die letztes Jahr mit Golfen angefangen haben. Da werde ich wieder viel Fachmännisches zum Gespräch beitragen können – schließlich bin ich ja bereit, ein praktizierender Golfer zu werden. *rhy*

MUR·

Hinaus in die Welt

Warum es den Golfer in seinem eigenen Club nicht sehr lange hält

Wer Golf spielt, der wird die weite Welt erleben. Das ist so sicher wie das Amen in der Kirche. Am Anfang ist es nur die kleine Golfer-Welt.

Es ist die Driving Range in Hainmühlen oder in Tegernbach, dann der Kurzplatz, schließlich, nach der Platzfreigabe, die schöne Welt des 18-Loch-Kurses. Die entdeckt sich der Anfänger werktags gern im Morgengrauen, wenn Fuchs und Reh noch über den Platz streifen, oder in der hereinbrechenden Dunkelheit des Sonntagabends, wenn die anderen schon im Clubhaus den Monatsbecher feiern und Fuchs und Reh auch wieder zu Gange sind.

Irgendwann aber, der Heimatplatz ist x-mal umrundet, das erste Par ist gefallen, da ist die gröbste Angst abgelegt: die Angst vor den Zuschauern am ersten Abschlag, die Angst vor dem nachfolgenden Flight, die Angst vor fremden Mitspielern, die Angst vor schneidigen Clubsekretärinnen, die Handicaps 52 oder 46 angeblich nicht so eindrucksvoll finden. Das ist die Zeit für kühne Ausflüge nach Deinste oder Buxtehude, nach Reisbach oder nach Landshut.

Inzwischen hat sich ja das Handicap verbessert, die Blamagen am ersten Abschlag sind seltener geworden. Andere Golfer auf Nebenbahnen sind nicht mehr regelmäßig gefährdet. Der Golfer zieht nun weitere Kreise. Der Mensch aus Hainmühlen stößt nach Hamburg und an Nord- und Ostsee vor, der aus Tegernbach wagt sich in den Raum München und Oberbayern. Alles große Abenteuer, über die sich trefflich erzählen lässt im Freundes- und Familienkreis, über schnelle Grüns anderen Orts, und über hohe Bäume, die im Wege standen. Und über schneidige Clubsekretärinnen, die Handicaps 52 oder 46 wirklich nicht so eindrucksvoll finden.

Irgendwann an einem langen Winterabend blättert der Neu-Golfer, deutlich an Entzugserscheinungen leidend, in Reisekatalogen. Und kurz darauf, wenn hierzulande noch Schnee und Eis die Plätze bedecken, bricht er auf nach Mallorca, in Spaniens Süden, in die Türkei oder zu einem Aufbaukurs an die Algarve und stellt dort fest, dass nicht wenige andere Golfspieler auch an Entzugserscheinungen litten. Wieder zu Hause, der Heimatclub ist endlich geöffnet, berichtet er dann ausführlich von La Manga und Vale de Lobo und kann sich gar nicht mehr einkriegen vor Begeisterung über die Fairways in Belek und die Kanzelabschläge in Jerez. Bis er feststellt, die anderen waren schon da. Und zwar mehrmals. Und zwar schon vor drei und vier Jahren. Oder waren es schon zehn?

Und irgendwann trifft er dann auf diejenigen im Club, die schon die ganz großen Kreise gezogen haben. Die kennen die Vornamen der Starter im Raum Scottsdale und die tiefsten Bombenkrater-Bunker in Gleneagles, sie wissen die besten Abschlagzeiten in Abu Dhabi und wann man in Boca Raton auf dem Privatplatz des milliardenschweren Resortbesitzers spielen darf. Und so beiläufig, das erhöht die Wirkung gewaltig, erwähnen sie schon mal die Schlangenplage auf dem Fan-Ling-Kurs über Hongkong oder die frechen Affen auf Bali, die auf dem Platz im Vulkankrater die Bälle klauen, oder den singenden Caddie von Fancourt an der Garden Route in Südafrika. Mit Mallorca oder Portugal sollte man solchen Leuten nicht kommen.

Was also tun, um mithalten zu können, im Wettstreit der entferntesten, exotischsten und abenteuerlichsten Golf-Destinationen? Hier ein paar Tipps: In China gibt es jetzt die ersten Golfplätze, in den kanadischen Rockys finden sich welche, auf denen innige Begegnungen mit Bären fest versprochen sind, in Alaksa und St. Moritz spielen sie im

Winter auf Schnee und Eis, in einem der Emirate auf Wüstensand und die Grüns sind mit Öl angerichtet. Der höchste Golfplatz der Welt liegt in Bhutan im Himalaya. Auf Langkawi müssen Sie vor dem Auftreten warten, bis die Warane die Abschläge freigeben. Neuseeland ist als Golfland noch weithin unentdeckt, weil ziemlich abgelegen. Und in Jamaika gibt es einen Platz, da zielen fiese Vögel im Überflug genau auf Golfer-Häupter (haben wir jedenfalls kürzlich im Clubhaus gehört). Fahren Sie hin, bevor es ein anderer tut!

Aber vielleicht gehören Sie ja zu den Leuten, denen es in Hainmühlen oder Tegernbach gerade recht ist. Normal ist das aber nicht. Der Golfer zieht hinaus in die Welt. Über Deinste und Reisbach immer weiter und weiter.

fi

Verknotungen

Wie man auf dem Weg zum Ruhm den Daumen integriert

Unter den vielen Möglichkeiten, mit den Herausforderungen des Lebens fertig zu werden, finden sich zwei an besonders herausgehobenen Positionen. Die erste besteht darin, diese Herausforderungen mit immer neuen eleganten Ausweichmanövern links und rechts zu umkurven. Und die zweite besteht natürlich im Gegenteil dieser feigen Taktik. Obwohl mir schon klar ist, welche der beiden Straßen einzig zum Ruhme führt, möchte ich heute doch ein letztes Mal erklären dürfen, warum die erste Variante auch etwas für sich hat.

Das Wichtigste zuerst: Nie wieder wird der Golf-Mensch so unbeschwert und selbstbewusst über sich und seine vermutlich einzigartige Begabung zum Golf sprechen oder schreiben können, wie er das in jenen glücklichen Wochen, Monaten, oft Jahren getan hat, in denen ihn widrige Umstände am Ausleben seines Genies gehindert haben. Mein prinzipieller Ratschlag insoweit hat nichts von seiner ewigen Gültigkeit verloren: Wer sich nicht in die Gefahr begibt, hat einfach die besseren Chancen, wenigstens bei seiner Familie und einigen wohlmeinenden Freunden noch einige Zeit als prinzipiell hoch veranlagtes Nachwuchsgenie durchzugehen.

Doch genug davon. Wer mich ein wenig kennt, zum Beispiel mit Hilfe dieser Texte, weiß ja längst, dass dies auf die Dauer nicht mein Weg sein konnte: Dafür bin ich einfach zu sehr der Mann der Tatkraft und schnellen Entschlüsse. Diese beiden heute nur noch selten vorzufindenden Eigenschaften werden es dann auch gewesen sein, die mich an einem schönen Spätsommertag plötzlich an einen wunderschönen

Golfplatz in der Nähe des Chiemsees getrieben haben – ein Entschluss, der gewiss eines Tages mein Leben verändert haben wird, auch wenn ich das jetzt noch nicht genau genug begründen kann.

Was soll ich Ihnen erzählen, verehrte Leser, Sie wissen ja selbst, wie es mir ergangen sein muss auf der Chieminger Driving Ranch und anschließend auf dem so genannten Akademieplatz (auf dem man, soviel ich weiß, aber auch spielen dürfte, wenn man kein abgeschlossenes Hochschulstudium vorweisen kann). Was mich betrifft, so stellte sich einerseits überraschend heraus, dass der Weg zu diesem speziellen Ruhm auf längere Sicht vielleicht durch gar nicht wenige Dornenhecken führt, bildlich gesprochen. Andererseits hatte ich ausgesprochenes Glück, insofern mir nämlich meine Kollegin Evelyn R. zum Geburtstag für einen Tag ihren Golflehrer Michael ausgeliehen hat.

Der Mann erwies sich als pädagogisches Genie auf jenem sehr schmalen Grat, auf dem es darauf ankommt, dem Schüler immer wieder das Gefühl zu geben, er sei genmäßig irgendwie schon auch eine Art entfernter Verwandter der Spezies Bernhard Langer, nur um diesen Schüler dann gleich wieder daran zu hindern, größenwahnsinnig zu werden, wenn er beim ersten Versuch nicht gleich eineinhalb Meter über den Ball gedroschen, sondern diesen sogar beinahe berührt hat.

Also gut, der Anfang war wirklich nicht ganz so einfach, wie ich ihn jetzt gerne beschrieben hätte, an allzu faustdicken Lügen hindern mich auch die vielen Zeugen, denen meine Flüche womöglich noch im Ohr sind. Lange Zeit bestand das Hauptproblem darin, dass ich es irgendwie nicht schaffte, die diversen Eisen jeweils richtig in die dafür vorgesehene Hand zu nehmen. Anfangs denkst du ja erst einmal, das müsse so ähnlich funktionieren, wie wenn du – was ich allerdings eher selten tue – eine Sense in die Hände nähmst und mit dem Gerät dann zügig die Luft in zwei Teile zu schneiden versuchtest, nur eben mit dem Ball in der Mitte der Luft. Diese Ansicht erweist sich aber schnell als irrig und führt nur immer wieder zu sanften neuen Hinweisen meines Michael, die davon handeln, wie man die linke Hand über die rechte zu legen hat, wie ich in dieses Arrangement die Daumen zu integrieren habe und wie ich mir die Versuchsanordnung länger als dreißig Sekunden merken kann. Ich weiß gar nicht, was sich anfangs mehr verknotet hat: meine Gehirnwindungen oder meine Hände.

Ich muss aber jetzt hoffentlich nicht extra betonen, dass es sich bei alledem nur um Anfängerschwierigkeiten gehandelt hat. Selbstverständlich wurde ich von Minute zu Minute besser, als ich erst einmal die stupide Ranch für die golfenden Kälber verlassen und auf den Platz durfte, auf dem man nach vier Schlägen den Ball ins Loch versenken kann, was mir in einem glückhaften Moment einmal bereits nach neun Schlägen gelang. Ich habe nach diesem Erfolgserlebnis noch eine Dreiviertelstunde unter beständiger Anfeuerung meines Umfelds weitergemacht. Insgesamt mit dem Ergebnis, dass mich mit einem Mal das Gefühl überkam, es könnte sich hier vielleicht doch um einen Sport handeln, der mir eines Tages richtige Freude bereitet.

Habe ich gerade Sport geschrieben? Ja, habe ich wohl wirklich, obwohl ich doch an anderer Stelle meine alten Zweifel spazieren geführt habe, ob es sich beim Golfen überhaupt wirklich um eine richtige Sportart handele. Nicht, dass die nach dem ersten Versuch schon völlig überwunden wären. Aber wenn es sich nicht um Sport gehandelt haben sollte, warum war ich dann nach zweieinhalb Stunden so rechtschaffen müde? Aber was heißt müde. Meine Hände brennen, meine Arme sind schwer wie Blei, rechts über der Hüfte zieht es gewaltig und jetzt hat gerade die Bandscheibe gezwickt. Es muss Sport gewesen sein.

rhy

Edel und Hilfreich

Weshalb man den Kameraden auf der Runde niemals trauen darf

Golfer sind höfliche Leute. Angenommen, ein Mitbewerber beim Monatsbecher schlägt einen aussichtsreichen Ball in die Wicken, dann grunzen und juchzen die anderen nicht zufrieden und sie reiben sich nicht vergnügt die Hände, nein, sie schweigen zum Elend des Mitspielers, ja, sie schauen leicht betreten. Sie kriegen diesen besonderen Gesichtsausdruck, der vom Mitleidsvollen schon leicht ins Traurige changiert. Es ist der berühmte teilnehmende Golferblick, den man so im Lauf der Jahre erlernt. Etikette auf höchstem Niveau. Kein Millimeter Platz für Schadenfreude, um Gottes willen keine triumphierende Faust wie beim Tennis, mit der man dort den Doppelfehler des Gegenübers quittiert.

Golfer sind freundliche Leute. Angenommen, ein Golfkamerad beim Privatturnier pfeffert einen aussichtsreichen Ball links ab in die Wälder, dann gibt es aufmunternde Worte. Du brauchst keinen Provisorischen, den finden wir. Oder es ertönt das beliebte: Ein Hook ist besser als ein Slice. Bälle, 50 Meter seitlich vom Grün im tiefen Rough, werden gern als »immerhin auf Fahnenhöhe« schöngeredet, und wenn einer völlig vom Weg abgekommen ist, dann heißt es aufbauend: Von dort hat man einen wundervollen Blick aufs Grün. Oder: Ein hervorragender Anspielwinkel.

Golfer sind mitfühlende Leute. Angenommen, ein Golfspezi bei einer kleinen Zockerrunde liegt tief im Rough, dann trösten die anderen, so erbarmungswürdig seien sie auch schon gelegen. Und ein Doppelbogey sei durchaus noch möglich. Oder: Immerhin sei der Ball noch innerhalb des Landkreises. Oder: Das nächste Loch sei eindeutig leichter zu spielen. Ja, Golfer sind faire Leute. Angenommen, Ihr Ball liegt aussichtslos an der Bunkerkante, da ertönt schon ein besorgtes: Einfach steil ausholen und den Kopf unbedingt unten halten. Oder ein hilfreiches: So einen Ball hat Jack Nicklaus bei den British Open 1969 direkt aufs Grün gespielt.

Golfer sind Heuchler. Sie kennen kein Mitleid. Es springt ihnen das Herz vor Freude, wenn Sie einen Ball hooken oder slicen, toppen oder unterschlagen. Sie lachen sich innerlich halb tot, wenn Ihr Ball im Maisfeld landet. Sie weiden sich an Ihrem Unglück, sie machen sich lustig hinter Ihrem Rücken, sie jagen Stoßgebete zum Himmel, damit Sie Ihren Putt vorbeischieben, und natürlich wissen sie, wenn Ihr Ball angeblich so schön Pin-high liegt, dass Sie noch vier Chips zur Fahne brauchen. Sie rechnen schon heimlich aus, wie viel Geld sie Ihnen heute abnehmen, sie zählen schon mit, wie viele Punkte sie beim Monatsbecher vor Ihnen liegen.

Wenn Sie wirklich unhöfliche, unfreundliche, mitleidslose, hinterhältige Leute kennen lernen wollen, fangen Sie sofort mit dem Golfspielen an. Ein herrlicher Sport. Das Problem sind nur die Ausführenden. Wenn die Ihnen sagen, den Ball finden wir, schlagen Sie lieber gleich einen neuen, sonst dürfen Sie anschließend durchs Unterholz hacken. Wenn sie Ihnen raten, hoch anzuspielen, spielen Sie einen falschen Chip and run. Wenn sie Ihnen Eisen sieben empfehlen, nehmen Sie das Fünfer. Und wenn sie von guter Einflugschneise reden, geben Sie das Loch gleich verloren. Jeder Rat ist gefährlich, jedes Lob vergiftet und am schlimmsten sind diejenigen, die so teilnehmend schweigen können.

fi

Reifeprüfung

Wie einem die Aussicht auf die Platzerlaubnis den Schlaf rauben kann

Auch wenn mir das der Verleger dieses großartigen Golf-Buches wahrscheinlich nicht glaubt, so muss ich doch darauf bestehen, dass ich besten Willens bin: Jedenfalls erforsche ich in regelmäßigen Abständen sehr ernsthaft mein Gewissen wegen der Frage, warum ich noch immer kein Golfer bin. Und neuerdings habe ich in dieser Angelegenheit auch einen starken Verdacht gegen mich: Könnte es sein, dass ich einfach zu feige bin? Oder – das trifft es wahrscheinlich genauer – dass ich schlicht keine Lust habe, mich um eine Platzerlaubnis bewerben zu müssen?

Platzerlaubnis, Platzreife – wenn ich das schon höre! Ich sehe sie richtig vor meinem geistigen Auge, die Platzreife-Prüfungsinspektoren, die behördlich bestellten Platzerlaubnis-Erteiler. Wie sie mich von oben bis unten anschauen, wie sie überlegen, ob ich auch genug gelernt habe und alle Schläger mit Vornamen kenne. Kann der Mann überhaupt einen Eagle von einem Birdie unterscheiden? Hält er den Bunker für ein Gebäude zum Unterstehen im Krieg? Und könnten wir den Fragebogen noch ein bisschen schwieriger machen, damit der Möchtegern-Golfer auch richtig Respekt vor uns kriegt? Mit solchen Fragen, denke ich mir, vertreiben sich diese Sadisten den Tag.

Da kommen sie bei mir natürlich an den Rechten, weil es nämlich so ist: Ich will überhaupt keine Prüfung mehr ablegen im Leben. Und ich will keine Note mehr kriegen und will mir von niemandem mehr sagen lassen müssen, dass ich leider den Ansprüchen der Kommission nicht genüge. Abitur, Führerschein, Staatsexamen – reicht das denn

nicht für eines Menschen irdische Bahn? Soll ich jetzt wirklich auch noch vor einer Prüfung albträumen, bei der ich am achten Loch dreimal über den Ball haue und anschließend von den Examinatoren so lange aufgefordert werde, zum Mensch-Ärgere-Dich-Nicht-Spiel überzuwechseln, bis ich schweißgebadet aufwache? Nein, nein, ich bin nicht ganz sicher, ob ich mir so etwas noch einmal antun will.

Noch gibt es schließlich viele schöne stressfreie Sportarten, die man ausüben kann, ohne vorher die Daumenschrauben angelegt zu bekommen, nach der Entrichtung einer stattlichen Summe für den Trainer. Aber vielleicht ist es ja anders. Vielleicht gibt es die bald auch nicht mehr, weil wir doch ein ordentliches Land sind und schließlich jeder daherkommen könnte, um einfach Sport treiben zu wollen?

Ich sehe die Argumente schon: Beim Golfsport, nicht wahr, wird die Platzreife verlangt, weil sonst ungeprüfte Kerle wie ich den Boden in Stücke hacken und außerdem den Sportskameraden neben sich mit unkontrollierten Schlägen gefährden würden. Und wie ist das beim Tennis? Gibt es da keine Bälle, die den Gegner an schlimmen Stellen treffen? Es muss also auch die Platzerlaubnis für Tennisspieler verlangt werden und die für Tischtennisspieler, Wasserballspieler. Und für Boxer natürlich. Der Boxer muss wissen (und nachweisen, dass er es weiß), wo beim Menschen die Leber sitzt und wie das Kinn auf Lateinisch heißt, sonst kriegt er keine Ringreife.

Merkwürdigerweise sind aber nicht alle Länder so konsequent wie unseres. Einmal war ich in Irland und wollte plötzlich unbedingt Golf spielen mit meinen Freunden. Wir sind also ins Clubhaus gegangen, haben gefragt, ob wir uns die Ausrüstung leihen können, dann sind wir auf den Platz und dort sofort um die Ecke gebogen, damit man uns nicht vom Clubhaus aus dabei zusehen konnte, wie wir beim ersten Abschlag vielleicht ein Stück Rasen mit ausgraben. Also haben wir am zweiten Loch begonnen und schon am zehnten mehrfach hervorragend den Ball getroffen. Richtig Spaß hat mir damals das Golfspielen gemacht. Aber jetzt weiß ich, das war vollkommen illegal. Auf den Spaß kommt es beim Golf gar nicht an. Entscheidend ist die Platzreife. *rhy*

Ehrensache

Welche Vorzüge das Amt des Clubpräsidenten so mit sich bringt

Präsidenten bekleiden die höchsten Ämter. Ob die wichtigsten und schönsten, das ist hierzulande allerdings die Frage. Wir haben beispielsweise einen Bundespräsidenten, aber der ist von Amts wegen politisch ziemlich ohnmächtig. Er muss außerdem in Berlin leben und oft Banales erledigen, beispielsweise Gartenschauen oder Wandertage eröffnen, denn er muss permanent um Bekanntheit und Anerkennung ringen. Der Kanzler ist schließlich für die großen Entscheidungen und Gesten verantwortlich. Den Bundestags- und den Bundesratspräsidenten, immerhin Nummer zwei und drei im Staate, kennt auf Anhieb fast keiner, die Präsidenten der höchsten Gerichte, der Universitäten und der großen Verbände sind nur dem Fachpublikum geläufig. Am bekanntesten sind da noch die Präsidenten des Deutschen Fußballbundes, weil die in schöner Regelmäßigkeit schuld daran sind, wenn wir eine Krise im Angriff der Nationalelf haben oder wieder einmal nicht Weltmeister werden. Schön ist das aber nicht.

Reden wir also von dem Präsidentenamt, das wohl das reputierlichste, schönste und ausfüllendste im Land ist: dem Amt des Präsidenten eines Golfclubs. Das sind diese charismatischen Figuren, die in einem Club die große Richtung bestimmen, in Etikette-Fragen hin und wieder einen Fingerzeig geben, die einmal im Jahr zum beliebten Präsidenten-Turnier einladen und ansonsten ihre Leute haben, die sich um den Spielbetrieb, den Platz und die Kasse kümmern. Sollte so einer womöglich Gründungspräsident eines Golfclubs sein, darf er, beneidet von den Normaleisenschwingern, den ersten, den goldenen Ball auf jungfräulichem Rasen schlagen, ein Akt, der beispielsweise im politischen Bereich überhaupt nicht vorkommt. Ansonsten sind Golfclub-Präsidenten gut zu ihren Mitgliedern und umgekehrt von diesen hoch geschätzt. Einmal im Jahr halten sie je nach Bedarf eine getragene oder aufmunternde Rede bei der Jahreshauptversammlung, die sie sich vom Clubsekretär schreiben lassen können. Sie verleihen Auszeichnungen und machen ihre Vorgänger zu Ehrenpräsidenten, was dazu führt, dass sie später irgendwann selbst ein solcher werden.

So ein Golfclub-Präsident hat natürlich einen reservierten Parkplatz und zwar den ganz vorne, ganz nah zum Clubhaus. Und auf seiner Clubkarte ist sein Amt verzeichnet, weshalb er in anderen Clubs, so ist es der Brauch hierzulande, greenfeefrei spielen darf. So nebenbei hat der Präsident mit seiner Wahl seine Gattin zur Frau Präsident gemacht, was in aller Regel dazu führt, dass sich diese hingebungsvoll ums Atmosphärische im Club kümmern darf. Sie inspiziert die Tischdekorationen für die Siegesfeiern, sorgt für Wandschmuck, ordert neue, hübsche Overalls für die Platzarbeiter und bringt schon mal eine Großplastik aus dem Griechenland-Urlaub mit, die sie dann vor dem Clubhaus aufstellen lässt. Verständlich, dass das Amt eines Golfclub-Präsidenten begehrt ist. Während in einem Tennisclub heutzutage sofort einer Vorsitzender ist, wenn er sich in der Generalversammlung nur versehentlich am Kopf kratzt oder unvorsichtigerweise beim Tagesordnungspunkt Neuwahlen den Finger hebt, um ein Bier zu bestellen, kommt es in Golfclubs gelegentlich sogar zu Kampfabstimmungen.

Neulich traf ich meinen Präsidenten, als er gerade aus seinem Auto auf dem reservierten Parkplatz stieg. Ich wollte ihm schnell zu seiner glückhaften Entscheidung gratulieren, die Verlegung des 17. Abschlags betreffend, als der Huber und der Meier des Weges kamen. Eine Blödheit sei die Vergrößerung des Wassers am sechsten Grün, schimpfte der

Huber ohne weitere Anrede. Der Platz sei ja nicht für Profis da. Und das Essen der neuen Wirtin sei ein Saufraß, ergänzte der Meier. Und die Miete für die Elektro-Wagen sei überhaupt eine Frechheit, waren sich beide einig. Und das »greisliche Trumm« aus Griechenland könne sich die Frau Gemahlin auf ihr Klo stellen, sprach der Huber, er wolle aber nicht persönlich werden. Früher, beim alten Präsidenten, habe es deutlich weniger Turniere gegeben, fand der Meier, und der Club-Sekretär gehöre endlich zusammengestaucht. Und die Jugendlichen seien so frech, meinte der Müller, der jetzt auch noch dazukam. Und die vielen Greenfee-Spieler seien sowieso eine Pest.

Ob Bundespräsident vielleicht doch das schönere Präsidentenamt ist?

fi

Zugvögel

Warum die Golfer weltweit und permanent auf Achse sind

Vom arrivierten Golfspieler sagen die Fachleute – ich gehöre ja leider nicht wirklich zu ihnen –, er sei der Zugvogel unter den Sportlern. Das ist schon mal eine interessante Information. Sonst ist der (nicht professionelle) Sportsmann ja eher bodenständig veranlagt: spielt ewig im selben Tennisclub am Stadtrand, läuft unverdrossen zehnmal um denselben Kreis herum, wenn er für den 400-Meter-Lauf trainiert, fühlt sich schon ziemlich globetrotterisch, wenn er sein Schachbrett in den Koffer steckt, um im Spanien-Urlaub die spanische Eröffnung zu praktizieren. Über so wenig Weltläufigkeit kann der zugvögelnde Golfer nur müde lachen.

Die Heimat des Golfers nämlich ist nichts Kleineres als – eben die Welt. Freilich handelt es sich dabei nur um die Sorte Welt, die sich zum Golfspiel eignet – weshalb man von den Golfern viel über die großartig gelegene Algarve hören kann, übe das pittoreske Tunesien oder das wilde Südafrika, eher weniger dagegen über die Schönheiten der äußeren Mongolei oder die der brasilianischen Flusslandschaften. Das bringt uns zu der Frage, ob dieser Sportskamerad so gerne verreist, weil er zu Hause – im rauen Winter vor allem – nicht ausführlich genug Golf spielen kann, oder ob er so gerne Golf spielt, damit er gute Ausreden dafür hat, dauernd zu verreisen. Die Wahrheit liegt wahrscheinlich genau in der Mitte: Der Golfer benutzt die Vorwände permanent verreisen zu dürfen, um am Ziel ausführlich Golf zu spielen. Und wenn man ihn dann hinterher fragt, wie er denn die Kulturdenkmäler Südspaniens gefunden hat, dann sagt er: Doch ja, sehr schön, da gibt es einen Platz, bei dem ist das 18. Loch direkt über einer malerischen Steilküste.

Nun muss man natürlich jedes Verständnis für den Zugvogel haben: Wie sein Vorbild in der Natur zieht es den Golfer fast automatisch dorthin, wo mehr Sonne scheint als in Mitteleuropa – und da gibt es leider sehr viele Möglichkeiten. (Unsereinen zöge es da auch hin, leider hat er nichts Vernünftiges gelernt und muss deshalb allzu oft einer geregelten Arbeit nachgehen, im kalten Mitteleuropa.) Außer Verständnis habe ich dann aber auch noch ein wenig Schadenfreude im Vorrat. Wie ich höre, gibt es für Golf-Vögel im Grunde drei Möglichkeiten, wenn sie ein fernes Ziel anfliegen: Entweder ist es gar nicht so weit weg von zu Hause – dann steht er sich mit den anderen Zugvögeln beim Abschlag pausenlos auf den Zehen, weil es unglücklicherweise inzwischen zu viele von ihnen gibt. Oder er fliegt nach Mauritius und braucht dann Tage, um sich von den Strapazen des Fluges zu erholen, was ihm genau an dem Tag einigermaßen gelungen ist, an dem er den Rückflug antritt. Oder er fliegt nach Florida und merkt zu seiner Überraschung, dass er in einer Art Altersheim gelandet ist: Der amerikanische Rentner ist nämlich kein Zugvogel, sondern zieht für den gesamten Lebensabend nach Florida, wo er den ganzen Tag golft.

Was wir daraus lernen? Keine Ahnung. Vielleicht aber doch dies, dass wir uns einen anderen Sport suchen sollten, der ebenfalls das permanente Verreisen erlaubt, sogar erfordert. Freeclimbing wäre zum Beispiel schön: Dafür sollen gewisse Steilwände im Kaukasus am besten geeignet sein.

rhy

Grabende Tiere

Wie die unterschiedliche Erdoberfläche das Regelwerk beeinflusst

Das Schöne am Golf sind die einfachen Regeln. Der Spieler haut so lange auf den Ball, bis er ins Loch fällt. Der Ball. Wer weniger Schläge braucht, hat gewonnen. So einfach ist das. Basta. Welcher Sport kann das schon bieten? So etwas wie das Abseits oder gar das passive Abseits im Fußball, nur in stundenlangen Diskussionen und mit einem Skizzenbuch zu erklären, kennt der Golfer nicht. Das einzige Problem beim Golf, und das soll hier nicht verschwiegen werden, besteht darin, dass dieses Spiel nicht auf genau bemessenen, ebenen Feldern wie beim Fußball, beim Tennis, beim Schach oder beim Kegeln gespielt wird, sondern draußen in der freien Natur. Und die Erdoberfläche ist beispielsweise in Höslwang anders beschaffen als in Hawaii. Hinzu kommt, dass Flora und Fauna, sagen wir in Niederbayern und im Niltal, unterschiedlich sind.

Dieses eine Problem hat hauptsächlich dazu geführt, dass das große Regelwerk des Royal and Ancient Golf Club of St. Andrews in der neuen lizenzierten deutschen Übersetzung sage und schreibe 812 Seiten umfasst. In der kleinen, ebenso handlichen wie übersichtlichen Fassung des Deutschen Golf Verbandes sind es aber nur 239 Seiten. Ich persönlich bin den Herren in St. Andrews besonders dankbar für eine Klarstellung inklusive kleiner Regeländerung zum Thema grabendes Tier (Regel 25). Es geht dabei um ungewöhnlich beschaffenen Boden, wie Aufgeworfenes oder den Laufweg eines Erdgänge grabenden Tieres, eines Reptils oder eines Vogels.

»Ein Erdgänge grabendes Tier ist ein Tier, das einen Bau als Unterkunft oder zu seinem Schutz anlegt, zum Beispiel ein Kaninchen,

Maulwurf, Murmeltier, Erdhörnchen oder Salamander. Ein Loch von einem Tier, das keine Erdgänge gräbt, zum Beispiel von einem Hund, ist kein ungewöhnlich beschaffener Boden.« So weit die Regel. Bei ungewöhnlich beschaffenem Boden darf der Golfer also straflos Erleichterung in Anspruch nehmen (für Nochnichtgolfer: Er darf an besserer, genau vorgeschriebener Stelle ohne Strafschlag weiterspielen.) Im Hundeloch dagegen kann er entweder freudlos herumhacken oder den Regeln gemäß mit Strafschlag weitermachen.

Warum ich den Herren in St. Andrews für so etwas dankbar bin? Nun, mein Freund der Anwalt ist ein Meister der Regel des grabenden Tieres. Ein paar umgebogene Grashalme, ein paar Erdkrümel, eine kleine Bodenvertiefung, schon sind es grabende Tiere gewesen, ein beleidigtes Moorhuhn oder eine liebeskranke Schaufelnatter, die ihm Erleichterung in schlechter Lage bringen. Da seine zoologischen Kenntnisse deutlich besser sind als die meinen, die bei Jauchs Millionen-Quiz nur bis zur 200-Euro-Frage reichen würden, verschafft er sich auf diese Weise gern ein paar Vorteile, die am Ende der Runde für mich zu gewissen Unkosten führen.

Was ich ihm künftig aber nicht mehr durchgehen lassen werde, sind die grabenden Hunde. Er wird mir bestimmt erklären, dass Dackel tiefe Löcher graben und sogar Erdgänge anlegen. Das mag ja sein, aber die neue Regel sagt deutlich: nur Tiere, die einen Bau als Unterkunft oder zu ihrem Schutz anlegen. Davon kann bei einem Dackel keine Rede sein. Er wohnt bei Menschen unter Fernsehgeräten oder auf Bettvorlegern und gräbt bei Ausflügen auf Golfplätze aus purer Lust, im Jagdfieber oder einfach weil er ein blöder Hund ist.

Apropos blöder Hund: Etikette-Regeln gibt es auch noch. Sie nehmen im Regelwerk des Golf-Verbandes nur drei Seiten ein. Sie regeln nicht Konversationsformen, die Länge von Damenshorts in Zentimetern und auch nicht die Frage, ob Handküsse im Freien angemessen sind, sie haben auch nichts mit höfischem Zeremoniell wie bei denen von Thurn und Taxis zu tun, sondern nur mit gegenseitiger Rücksichtnahme (Golfbälle sind hart!) und der Schonung des Platzes. Dies nur an die Adresse von Golf-Einsteigern, die sich vom Clubleben gesellschaftlich vielleicht zu viel versprechen. Und keine Angst vor dem 812-seitigen Regelwerk: Leute, die alle Regeln beherrschen und damit ihre Mitbewerber traktieren, sind in den Clubs eher gefürchtet. Es geht ihnen wie Menschen mit aufdringlichem Parfüm oder wie Besitzern von Kampfhunden – sie drehen oft einsam ihre Runden. Es bleibt also dabei: Das Schöne am Golf sind seine einfachen Regeln. Der Spieler haut so lange auf den Ball... *fi*

Ruhezonen

Wohin das Eindringen der Damen in Männerdomänen führen kann

Dass in Deutschland die Frauen ohne jede Diskussion überall golfen dürfen, ist selbstverständlich eine zivilisatorische Errungenschaft, die wir gar nicht hoch genug einschätzen können. Aber traurig ist es auch. Wenn man es unter kulturhistorischen Aspekten betrachtet, unter ganz bestimmten. Ich rede hier natürlich von der Tatsache, dass es in unserer Gesellschaft so gut wie keine Ruhezonen mehr gibt, in denen Männer noch ganz unter sich sein können. Welche Institutionen, welche Sportarten, welche Vorwände haben wir im Laufe der Jahrhunderte zu diesem erhabenen Zwecke nicht alle ersonnen: Freimaurerlogen und Männerklöster, die Berliner Philharmoniker und den Tuntenhausener Männerverein – um nur einmal ein paar der wichtigsten Beispiele zu nennen.

Warum sie alle so erfolgreich waren und der Welt so große Persönlichkeiten geschenkt haben wie den heiligen Kapuzinerpater Konrad oder den fast ebenso heiligen Minister Zehetmaier, der in der Tuntenhausener Kirche immer so besonders fromm drein schaut? Weil Männer, wenn sie unter sich sind, sich nicht aufplustern, nicht wegen des Augenaufschlags einer rothaarigen Schönheit balzen müssen oder brillieren mit ihrem Mutterwitz oder ihrem neuen Armani-Sakko. Wenn Männer unter sich sind, können sie sich auf das Wesentliche konzentrieren: auf die Sache, aufs Vaterland, auf sich selbst, das vor allem.

Inzwischen dürfen Frauen ja sogar Oberfeldwebel werden und Fußball spielen und boxen und Golf spielen sowieso. Habe ich schon erwähnt, dass ich diese Entwicklung frohen Herzens begrüße? Schon

MUR.

deshalb tue ich das, weil unser Grundgesetz ausdrücklich festlegt, dass Männer und Frauen in vollkommener Gleichheit dazu berechtigt sind, die kleinen weißen Bälle so lange in die Büsche und Teiche zu ballern, bis sie ihnen alle ausgegangen sind.

Ich möchte ja nur die Gelegenheit benutzen, um noch einmal, ein letztes Mal, darauf hinzuweisen, was die Gleichberechtigung im Sport an Verwüstungen in der Seele des Mannes angerichtet hat. Als zum ersten Mal eine Dame gegen männliche Rivalen die Rallye Paris–Dakar gewonnen hat, haben Tausende von Männern zu Hause einen Weinkrampf erlitten, weil sie an ihrer verletzlichsten Stelle verletzt worden sind – an ihrem emotionalen Schalthebel sozusagen. Sollte es je so weit kommen, dass eine Frau am US-Masters-Turnier teilnehmen darf und es dann auch noch gewinnt, dann, ja dann bräche die Welt im Innersten auseinander. Wenn ich es mir recht überlege, könnten übrigens Gefahren dieser Art der Grund sein, warum ich immer noch nicht angefangen habe mit dem Golfen: weil ich mit der Tatsache nicht leben könnte, dass mich meine Frau oder sonst eine konkurrierende Weibsperson besiegen oder mit einem deutlich besseren Handicap demütigen würde. Und weil ich ahne, dass das sehr bald passieren würde.

Vielleicht sollte ich in diesem Zusammenhang die Geschichte erzählen, die davon handelt, dass ich vor vielen Jahren, in meiner Jugend Maienblüte, bei einem Tennis-Freundschaftsspiel zwischen dem TC Altötting und Freilassing oder Freising – Genaueres habe ich ein wenig verdrängt – gefragt worden bin, ob es mir etwas ausmache, wenn gegen mich eine ältere Dame auf Position vier antreten würde; der ursprünglich vorgesehene Herr sei leider kurzfristig erkrankt. Aber nein, sagte ich großmütig und vergaß nicht hinzuzufügen, dass ich in diesem Fall natürlich auch nicht so hammerhart aufschlagen würde, wie es sonst meine Art ist. Ich habe dann mit 0:6 und 2:6 verloren, und obwohl ich später erfahren habe, dass die Dame vielfache bayerische Senioren-Meisterin war, brauchte ich mehrere Jahre, um mein zertrümmertes Ego wieder notdürftig zusammenzuflicken.

Möglicherweise ist es nie ganz gelungen. Ist jetzt alles klar? Aber bitte – aus übergeordneter Sicht muss es selbstredend trotzdem gewährleistet sein, dass die Frauen mich auch auf den Fairways und Greens dieser Welt besiegen dürfen, sofern ich ihnen eine Chance dazu gebe. Ich denke darüber weiter nach. Alternativ überlege ich allerdings inzwischen auch, ob ich mich nicht aufs Kunstschwimmen spezialisieren sollte oder auf Rhythmische Sportgymnastik, wo ich dann anmutig diese Keulen in die Luft werfen würde zu hübscher Musik. Dann werden wir ja sehen, was es bringt, wenn man mutwillig dem anderen Geschlecht alles wegnimmt. *rhy*

In die Wälder, in die Auen

Weshalb das Jahrzehnt der geraden Schläge bevorstehen könnte

Die achtziger Jahre waren das Jahrzehnt des Slice. Nicht im Golfsport allgemein, sondern für mich persönlich. Meine Bälle beschrieben in schöner Regelmäßigkeit engere und weitere Flugkurven nach rechts. Experten sprechen in solchen Fällen von einem Naturslice. Fachmännisch ausgedrückt bedeutet das, dass der Schaft zu weit außerhalb der Linie zum Ziel schwingt. Vulgärer könnte man auch sagen, das sind diese hässlichen Hacker von rechts oben. Es gab in jener Zeit Freunde, die mir einredeten, dies sei eigentlich ein Fade, den ich da spielte, also ein Ball, der am Ende auf elegante Weise ein bisschen nach rechts ausrollt, aber diese Freunde wurden im Lauf der Jahre immer fader, weil sie viel Zeit mit mir in Roughs rechts der Fairways verbrachten. Das mit dem Schlag von außen ist natürlich nur die halbe Wahrheit. Es gibt genau 129 Gründe einen Ball zu slicen, ich selbst habe sämtliche 129 Möglichkeiten schon einer staunenden Umwelt vorführen dürfen. Wer das nicht glaubt, sollte auf Trainer-Guru David Leadbetter hören: Ein Eisen Fünf beispielsweise hat einen Schlägerkopf von 6,25 Zentimetern Länge, von denen nur ein paar Millimeter als optimale Treffzone gelten. Damit muss ein Ball von 42,67 Millimetern Durchmesser getroffen werden. Der Schläger von zirka 400 Gramm Gewicht, der in den ersten eineinhalb Sekunden des Schwungs eines gut gebauten Niederbayern eine dynamische Zugkraft von 45 Kilogramm entwickelt, muss mit einer Geschwindigkeit von 145 Stundenkilometern durch einen Schwungbogen von rund 5,40 Metern geführt werden. Der Ball berührt, so Leadbetter, die Schlagfläche nur eine 35 Hundertstel Sekunde und er muss in einem Winkel von 42 Grad den Schläger verlassen. Das alles zusammen führte bei mir zu den erwähnten 129 Slice-Varianten. Intelligente Menschen, die auf einen Naturslice vertrauen können, kompensieren die permanente Rechtskurve, indem sie immer mehr nach links zielen. Am Ende stehen sie dann am Abschlag im rechten Winkel zum Ziel. Blöd ist nur, wenn Bäume, Häuser und Menschen den Weg versperren, und fatal wird es, wenn der Ball ausnahmsweise geradeaus fliegt. Doglegs nach rechts sind die Lieblingsbahnen der Slicer, Doglegs nach links leider unspielbar. Das Wundersame am Slice ist allerdings, dass er auf der Driving-Range selten und bei Trainerstunden überhaupt nicht auftritt.

Anfang der neunziger Jahre stellte sich dann der Hook ein. Er kam praktisch über Nacht. Der Zuspruch der Freunde war groß und immer wieder konnte ich hören, ich sei auf einem guten Weg, der Hook, das ist ein Ball, der nach links weggeht, sei schließlich der Slice der Profis. Und der Draw, den ich tatsächlich in meinem Jahrzehnt des Hooks gelegentlich zustande brachte, sei überhaupt der Königsschlag im Golfsport, ein Schlag, den beispielsweise ein gewisser Colin Montgomerie überhaupt nicht beherrsche. Und der habe es deutlich weiter gebracht im Golf als ich. Als der Hook schließlich Ende der neunziger Jahre zu meinem Standardschlag geworden war – mit seinen zirka 129 Möglichkeiten – und ich nun auch die Wälder und Wiesen links der Spielbahnen kennen gelernt hatte, richtete ich mich eben beim Abschlag nach rechts. Die Folgen waren so ähnlich wie oben beschrieben. Das Wundersame am Hook ist allerdings, dass er auf der Driving Range selten und bei Trainer-Stunden überhaupt nicht auftritt.

Das laufende Jahrzehnt habe ich mit einer Mischung aus Slices und Hooks begonnen, immer wieder unterbrochen von langen, geraden Schlägen. Allerdings auch von so genannten Quick-Hooks, bei denen die Bälle sofort in den Auen verschwinden, von himmelhoch steigenden und getoppten Bällen, die praktisch zu Fuß über den Fairway eilen, auch von Pulls und Pushes. Golfschläge zeitigen ja so viele ungeahnte Ergebnisse. Ich war aber in der letzten Zeit doch recht optimistisch und glaube jetzt, dass das laufende Jahrzehnt mein Jahrzehnt der geraden Schläge werden könnte.

Nun hat mich aber vor ein paar Tagen ein befreundeter Psychiater (ein befreundeter?) darauf aufmerksam gemacht, ich würde den Socket noch nicht regelmäßig spielen. Und der sei noch verblüffender und anhänglicher als Slice und Hook und Pull und Push und wie meine ehemaligen Lieblingsschläge noch alle heißen mögen... *fi*

Politisch korrekt

Wie Golf wirklich zum Volkssport werden kann

Wie jeder weiß, sind die Politiker die Idole des Volkes, in jeder Lebenslage. Selbstverständlich gilt das auch für den Sport. Und genau das, denke ich mir, könnte der Grund sein, warum Golf in Deutschland noch immer nicht Volkssport Nummer eins ist.

Anderswo ist das ja anders. Jedenfalls sind die Unterschiede bemerkenswert. Amerikanische Präsidenten, Gouverneure, Gouverneurs-Kandidaten lassen sich schon seit Jahrzehnten beim schwungvollen Abschlag filmen, mit einem kleidsamen Käppi auf dem Kopf: Das macht einen höchst dynamischen Eindruck – und dass der Ball gleich nach dem Schlag auf ewig unauffindbar in den umliegenden Büschen und Wäldern verschwindet, braucht der Fernsehzuschauer ja nicht zu erfahren. Golfen bringt einfach Wählerstimmen in Amerika, auch in Irland oder Spanien.

In Deutschland hingegen sieht man Politiker im Wesentlichen auf den Tribünen von Fußball-Endspielen, wo sie es dann aber nicht zugeben dürfen, wenn sie Bayern München nicht leiden können, weil die SPD ja auch in Bayern noch ein paar Stimmen braucht. Und wenn unsere Staatsmänner schon mal selber ein wenig Sport treiben, dann kann man sie höchstens verschwitzt beim Joggen sehen oder mit blutendem Kopf, nachdem sie vom Fahrrad gefallen sind. Richtig vorteilhaft sieht so was ja nicht gerade aus.

Golfen aber ist irgendwie unschicklich, und die Politiker werden schon wissen, warum das so ist. Bekanntlich haben sie das Ohr am Puls der Stammtische oder so. Wer Golf spielt, so denkt man hierzulande,

MUR·

braucht nichts zu arbeiten, weil: Dem fliegen ja ständig die gebratenen Dividenden ins Maul. Oder dreht sich da gerade etwas in der Stimmung? Kanzler Schröder hat ja unlängst ein neues Golfzentrum in Mecklenburg-Vorpommern eingeweiht, und er soll sich bei ein paar Probeschlägen gar nicht so dumm angestellt haben, als alter Tennisspieler. Das Ganze war aber als Test gedacht und könnte Konsequenzen haben: Wenn jetzt die SPD bei den nächsten Wahlen nicht dramatisch in den Keller fällt, dann wird als Nächstes Finanzminister Eichel einen Schnupperkurs machen, der damit enden könnte, dass im Zuge der Sparmaßnahmen die Golfplätze einheitlich auf 17 Löcher zurückgeführt werden. Gleich darauf wird die CDU nachziehen und im Rahmen einer großen Bildungsoffensive die Neueinstellung von 2000 Golflehrern verlangen, inländischen natürlich.

Was die FDP betrifft, so wird es darauf hinauslaufen, dass Westerwelle bei jedem Interview entschlossen ein Eisen zückt. Nur bei den Grünen muss erst noch längere Zeit gestritten werden, ob das Golfen mit dem grünen Projekt und mit den alten Idealen irgendwie in Einklang zu bringen ist. Dann aber wird auf einem Sonderparteitag ein Delegierter darauf hinweisen, dass man den Ball ins Green schlagen muss, und er wird die gigantische Symbolwirkung erläutern, die dieser Sport deshalb für die grüne Bewegung haben könnte.

Das ist dann der Durchbruch: Anschließend muss nur noch entschieden werden, welches Handicap Joschka Fischer in wie vielen Monaten erreicht haben muss, wenn er Minister bleiben und gleichzeitig auf Parteitagen noch das Wort ergreifen will. Danach wird das Recht auf einmal Golfen pro Woche ins Grundgesetz aufgenommen, und dann ist es endlich erreicht: Golfen wird politisch korrekt sein. Wenn das nur den Leuten nicht den ganzen Spaß daran nimmt. Am Ende treffen sie noch einen Politiker am fünften Loch ... *rhy*

Wahre Liebe

Was Frauen alles unternehmen, um ihr Handicap hochzuhalten

Als die Schotten das Golfspiel erfanden, war klar, dass sie dafür Frauen nicht vorgesehen hatten. Sie wollten sie halt von Kindern, Küche und Kirche nicht fernhalten. Sie wollten nicht, dass sie in die Nähe von Whiskey und Glücksspiel kommen. Und sie wollten nicht, dass Frauen Muskeln an Stellen kriegen, wo sie gar keine brauchen. Beim einen oder anderen dieser Grob-Karo-Träger mag natürlich auch eine Rolle gespielt haben, dass Golfschläger in gewisser Weise eine gefährliche Waffe darstellen, die nicht in Frauenhände geraten sollte.

Ja, so ist er, der Schotte: Dreht mit seinen Gefährten Runde um Runde, während seine Frau im Clubhaus sitzt und dort artig ihren Tee trinkt oder strickt, zum Beispiel hübsche Überzieher für seine Hölzer. Oder sie bereitet das Heim, um ihren Helden dann freudig in Empfang zu nehmen und sich seine Schilderungen anzuhören, die sie mit kleinen, anerkennenden Rufen begleitet. Diese Auffassung vom Golfspiel gilt heute allerdings als antiquiert.

In Deutschland ist diese Art der Golfidylle jedenfalls nicht mehr verbreitet. Die Männerdomäne Golf wird, selbst im konservativen Bayern, nicht mehr verteidigt. Der Bayer, ungleich sensibler als so ein Schotte, würde Frauen vielleicht vom Golf abraten, weil er diese zarten Geschöpfe, wie sie zwischen Straubing und Rosenheim wachsen, nicht dem rauen Wind und dem gelegentlich rauen Ton auf Golfplätzen aussetzen möchte. Aber spielen dürfen sie, sie spielen ja inzwischen sogar Schafkopf. (Hierbei handelt es sich um ein Kartenspiel, das früher auch als Männerdomäne galt.)

Also, Frauen sind auf Golfplätzen durchaus willkommen, vor allem wenn sie unter sich bleiben. Sie sind auch in gemischten Flights willkommen, wenn sie ein deutlich schlechteres Handicap haben als ihre männlichen Mitspieler. Dies ist vor allem bei Ehepaaren, Lebensabschnittsgefährten, Langzeitverlobten und dergleichen eminent wichtig. Man muss das verstehen: Selbst in einem in Sachen Emanzipation aufgeschlossenen Golf-Männchen steckt natürlich noch ein kleiner Macho.

Im Idealfall ist der Mann ein guter Spieler, hat so Handicap zehn bis 18, die Frau spielt so um die 36, vielleicht sogar eine hohe 20, sodass er sich mit ihr nicht blamieren muss. Dafür ist der Mann gern bereit zu erklären, wo es auf der Runde lang geht, welchen Schläger die Gemahlin oder das Fräulein Freundin zu wählen hat, er verteilt gütig Lob und freundlichen Tadel, um dann seinen Ball wieder energisch vorwärts zu dreschen.

Schlimm aber, wenn Frauen nicht aufpassen und das Golfspiel zu sehr lieben. Wenn sie zu viele Löcher gewinnen, sogar ganze Runden. Oder, das ist der Worst Case, sich handicapmäßig vor ihren Angetrauten, Ernährer oder ständigen Golfkameraden setzen. So etwas kann nicht gut gehen, solche Beziehungen sind belastet, zum Scheitern verurteilt.

Manchmal treibt die Situation den männlichen Part ins Unglück. Die Innenstädte sind voll mit Männern, die herumstrolchen, komisch mit den Armen herumwedeln und englische Ausdrücke (Golf-Termini!) vor sich hin brabbeln. Achten Sie einfach mal darauf. Natürlich gibt es wenige, wundersame Ausnahmen. Es gibt Männer, die ungeniert in Beziehungen leben, in denen die Frau golferisch die Oberhand hat. Starke Charaktere. Oder Softies? Oder gar Masochisten? Aber das ist eine andere Geschichte. Manche bemerken vielleicht ihre Lage nicht. Häufig sind es nämlich die Frauen, die ihre Beziehungen retten, indem sie jede Demütigung ihres Partners auf dem Golfplatz vermeiden. Sie machen sich golferisch kleiner, als sie sind, ihre Zurückhaltung und Selbsthintanstellung ist vorbildlich. Sie ducken sich sportlich, kümmern sich nicht um ihr Spiel, sondern um das ihres Gefährten, vermeiden Verletzungen seines Selbstwertgefühls und reden sein jämmerliches Gekratze auch noch schön. Was für ein Verzicht auf deutschen Fairways und Greens!

Wehe aber, wenn die Frauen untereinander spielen. Da geht die Post ab, da fliegen die Bälle, jauchzen die Athletinnen. Da folgt Par auf Par und Birdie auf Birdie. Und wenn es im Turnier ist, dann spielen sie am Ende noch ein paar auffallend schlechte Löcher. Sie wissen ja, das Handicap! Sein Handicap! Studieren Sie, lieber Golfkamerad, ruhig einmal die Ergebnisse von Damen-Turnieren genauer. Und Sie werden sie finden, die zahllosen Beweise für die wahre Liebe in den Zeiten des modernen Golfsports. *fi*

Definitionsfrage

Warum Golf trotz allem ein richtiger Sport sein muss

Möglicherweise wird mich jetzt mancher Leser für exzentrisch halten, aber Tatsache ist nun einmal, dass ich meinen Lieblingssport sehr bewusst nicht wie ein Asket betreibe. Es gibt sogar Beobachter, die mich für ein wenig übergewichtig halten, andere finden sogar, ich sei kein Vorbild für die Jugend, seit sie mich bei der Ausübung dieses meines Sports gelegentlich mit einem Weißbierglas in der Hand ertappt haben oder gar mit einem Zigarillo zwischen den Lippen. Aber was soll ich sagen: Oft bin ich trotzdem am Ende eines Skatturniers oder eines Schafkopfrennens der Mann mit den genialsten Ausspielen und den riskantesten Soli gewesen. Und weil das so ist, verzeiht man mir nicht nur gewisse Merkwürdigkeiten in meiner Lebensführung, man findet sie sogar spannend: Es sind Leute wie ich, von denen die großen Sportler-Legenden erzählen.

Was diese meine Anmerkung jetzt mit dem Golfen zu tun haben soll? Das liegt ja wohl auf der Hand: Manche Experten rechnen das Kartenspielen zwar nicht zu den Sportarten, aber andere Experten tun das auch nicht mit dem Golf. Und umgekehrt gilt dasselbe: Jedenfalls habe ich sofort an mich gedacht, als ich unlängst irgendwo ein Porträt des berühmten Golfers John Daly gelesen habe und dabei feststellen durfte, wie viele Parallelen es zwischen uns beiden gibt: Daly hat offenbar ein wenig Übergewicht, zieht vor dem Abschlag gern mal an seiner Zigarette – und als er einmal bei einem Turnier in Carmel einen ganz großen Sieg landete, nahm er immer mal wieder zwischen seinen Schlägen einen tiefen Schluck Bier aus der Dose zu sich. Einen Unterschied zu mir gibt es allerdings auch: Ich mag Dosenbier nicht so gerne.

Aber jetzt doch ein wenig mehr zum Grundsätzlichen: Die entscheidende Frage in diesem Zusammenhang ist ja wohl die, wie wir Sport definieren wollen und welcher Kriterien wir uns dabei bedienen. Muss beispielsweise Sport an der frischen Luft ausgeübt werden, damit er einer ist? Dann kommen die Reck-Turner schon mal nicht in Frage. Oder geht es vor allem darum, den eigenen Körper möglichst umfassend zu ertüchtigen? In diesem Fall wollen wir schnell die ganzen Formel-1-Piloten herausrechnen. Ich weiß, Schumacher spielt gerne Fußball und stemmt im Kraftraum schwere Gewichte. Aber würde ihm das irgendwas helfen, wenn dafür die Kompression seines Ferrari-Motors nicht mit jener des BMW mithalten könnte? Da könnte er fit sein wie ein Turnschuh, es nützte nichts.

Und weil wir gerade bei Pferdestärken sind: Wieso ist eigentlich Dressurreiten ein Sport? Weil die zierlichen Damen gelegentlich ihre Muskeln bewegen müssen, um den Rössern unter ihnen zu signalisieren, wohin sie gerade getragen werden wollen? Also, wenn das ein Sport ist, dann doch wohl mehr für die Pferde. Nur beweist das alles nichts: Denn warum kann man trotzdem als Autorennfahrer Weltmeister werden und als 60-Jähriger Olympiasieger im Dressurreiten? Weil es offensichtlich auf etwas anderes ankommt. Sport ist, wenn man mit anderen Sportlern darum wetteifert, wer am schnellsten im Kreis fährt oder die besten Noten beim dreifachen Rittberger bekommt. Sport ist, wenn man sich in den Kampf begibt und ihn unbedingt gewinnen will. In diesem Sinne ist Kirschkern-Weitspucken unbedingt ein Sport. Und Golfen natürlich auch.

Wenn ich wirklich einmal mit dem Golfen beginnen werde, dann ist übrigens genau dies der Reiz: erfolgreicher sein zu wollen als meine Frau, die sonst immer alles besser kann als ich, und weniger Schläge zu brauchen als der um 40 Jahre jüngere Unternehmers-Sohn im Club, der das Golfen nur begonnen hat, weil sich mit einem lässig ins Cabrio geworfenen Golfsack den Frauen so gut imponieren lässt.

Halten Sie mich jetzt ruhig auch noch für kindisch: Aber so weit möchte ich es in meinem Leben schon noch unbedingt bringen, dass irgendwann ein Könner mit Handicap 16, wenn er mit mir über den Platz geht, plötzlich darüber zu jammern beginnt, dass er sich soeben den Daumen seiner Schlaghand geprellt habe... Wie jeder Sportsmann weiß, ist das ein untrügliches Zeichen dafür, dass der Mann die Niederlage psychisch nicht aushielte, die ich ihm jetzt gleich bereiten würde.

Ist jetzt alles klar? Ganz eindeutig ist Golfen ein Sport, vermutlich sogar einer der schönsten. So viel kann ich jedenfalls schon mal versprechen, dass Sie niemals von mir etwas darüber lesen werden, wie elegant ich tags zuvor wieder um unsere Bungalow-Siedlung herumgejoggt bin; das passiert schon deshalb nicht, weil ich gar nicht jogge. Was meine künftigen Golf-Triumphe angeht, kann ich dagegen insoweit gar nichts versprechen. Irgendwann wird es so weit sein. Aber jetzt muss ich erst einmal mein Weißbier austrinken. *rhy*

Leidensgeschichten

Warum am 1. Abschlag allerlei Wehwehchen zur Sprache kommen

Jeder fortgeschrittene Golfer hat das schon erlebt. Vier Mann am 1. Abschlag. Der Erste hat gerade in die Wälder gehookt und sagt nun, man dürfe ihm heute nicht böse sein, wenn nichts laufe. Er sei schließlich erst um halb drei nach Hause gekommen. Darauf sagt der Zweite, er sei überhaupt nicht im Bett gewesen, er werde wohl ganz furchtbar spielen. Der Dritte wird dann über Schlafstörungen berichten, die ihn seit Wochen ziemlich mürbe machen, und weil die Herren jetzt auf medizinisches Gebiet vorgestoßen sind, wird der Vierte, während er vorsichtig und leicht ächzend seinen Ball aufteet, erklären: Ihr habt vielleicht Sorgen. Bei mir jault seit Tagen der dritte Lendenwirbel.

Wir wollen uns jetzt nicht damit aufhalten, ob man mit einem jaulenden Lendenwirbel 200 Meter weit schlagen kann, denn dies war noch ein Flight der harmloseren Sorte. Ein Freund, er ist Anwalt, zeigt mir am 1. Abschlag gern das ABC-Pflaster, das er sich großflächtig auf die Schulter geklebt hat, weil ihn seit Monaten eine Zerrung plagt, um dann wie ein junger Gorilla abzuschlagen. Es gibt Golfer, die führen mitleidheischend, aber stolz irgendwelche alten Operationsnarben vor, und kürzlich hatten wir einen Schreinermeister dabei, der konnte eine ganze Litanei lädierter Muskeln aufsagen, vom Trapezius bis hinunter zum Glutaeus maximus. Alles am 1. Abschlag und auf Lateinisch, wohlgemerkt.

Warum machen solche Golfer so etwas? Weil sie halt nicht mehr die Jüngsten sind, werden die Nichtgolfer sogleich vorlaut rufen. Nein, einfach ihre Gebrechen und Zipperlein auszuplaudern, dazu wären

Golfer zu stolz. Für dieses Outing gibt es andere Gründe. Sie haben vielleicht vor der Runde mit ihren Golfkünsten ein bisschen übertrieben und jetzt müssen sie vorsorglich die Erwartungen dämpfen. Andere machen sich anfangs kleiner, um am Ende groß rauszukommen. Ein paar Spezialisten locken damit zum Zocken. Und natürlich ist es als kleine Demütigung gedacht, wenn mein Freund, der Anwalt, sein ABC-Pflaster zeigt, um mir dann an jedem zweiten Loch einen Euro abzunehmen. Pech, wenn ich vergessen habe, irgendeine Versehrtheit rechtzeitig anzuzeigen.

Und noch einen Grund gibt es. Keiner kann beim Golf sicher sein, dass er eine gute Runde spielt. Versagensängste bauen sich auf, und der kluge Golfer baut vor. Wer sich als halber Krüppel ausgibt, blamiert sich nicht, wenn er miserabel spielt, und freut sich wie nach einer Wunderheilung, wenn er Fairways und Grüns trifft. Und er wird nicht vergessen, die anderen auf sein hübsches Spiel hinzuweisen: Habt ihr das gesehen? Und das mit meinem gedehnten Rhomboideus. Der perfekte Triumph. An dieser Stelle fällt mir sofort wieder mein Freund, der Anwalt, ein, der selbst nach einem leichten Par nicht vergisst, an seine verpflasterte Schulter zu erinnern.

Neulinge im Golfsport sollten aber unbedingt darauf hingewiesen werden, dass sich nicht jedes Gebrechen gleich gut als vorsorgliche Entschuldigung eignet. Es müssen schon ehrenhafte Leiden und Körperschäden sein, golfplatztaugliche eben. Wer schlichtes Rheuma erwähnt, Gürtelrose oder eine gerade überstandene Nierenstein-Operation, wird mit großer Wahrscheinlichkeit nicht den gewünschten Effekt erzielen. Gut sind alle Arten von Rückenleiden, wobei Hinweise auf die entlegensten Muskelpartien Aufmerksamkeit finden, auch kaputte Knie, die man sich im sportlichen Vorleben beim Fußball oder Tennis oder, für Bayern sei es gesagt, beim Bergsteigen zugezogen hat, sind zu empfehlen.

Übrigens, derselbe Flight, den wir anfangs so bedauernswert erlebt haben, wird sich anders präsentieren, wenn beispielsweise ein junger, schlanker Damen-Vierer hinter ihm bereitsteht. Die Herren werden elastisch zum Abschlag schreiten, sie werden sich ohne Rücksicht auf verschobene Longtudinalachsen vorbildlich drehen, sie werden den linken Arm strecken und versuchen, die Bälle gewaltig hinauszupfeffern. Und mein Freund, der Anwalt, würde sich bitter beschweren, wenn man ihn gerade in diesem Augenblick an sein Pflaster erinnerte. Und wenn einer doch beim Abschlag leise stöhnt, dann wissen wir, sein Rhomboideus ist wirklich gedehnt. *fi*

Kariertes

Wie der Widerstand gegen bestimmte Kleidung auf den Plätzen abnimmt

Den langsamen Untergang des Abendlandes kann man sehr gut auch am Beispiel der Sportmoden beschreiben. Ich kenne ja diesen Verfall der Sitten vor allem in meiner Eigenschaft als Tennisspieler. Warum, glauben Sie, habe ich wohl vor vielen Jahren mit diesem herrlichen Sport begonnen? Weil dort, im Gegensatz zum ordinären Fußball, lauter vornehme Menschen zugange waren, deren Klasse Außenstehende schon daran erkannten, dass sie ausschließlich in blütenweißen Hosen und Hemden und Socken gegen weiße Bälle schlugen.

Dass ich überhaupt aufgenommen wurde in den Tennisclub meines kleinen Heimatorts, hätte mir im Prinzip schon zu denken geben müssen, schließlich hat schon der große Groucho Marx mit Recht gesagt, an einem Club, der ihn als Mitglied akzeptieren würde, sei er im Grunde nicht interessiert. Aber erst danach begann der Niedergang so richtig: Wahrscheinlich hätte ich mit dem Tennis an jenem Tag aufhören sollen, an dem zum ersten Mal eine Freundin von mir im hellblauen Polohemd den Platz betreten hat, ohne sofort vom stellvertretenden Vereinsvorsitzenden desselben verwiesen zu werden.

Andererseits, wenn ich damals empört die Sportart gewechselt hätte, wäre ich vermutlich doch nur auf Golf verfallen – und damit der Illusion, mich abseits vom ordinären Tennis endlich in der Welt des guten Geschmacks zu bewegen. Golf, das war doch in meiner Jugend der Sport für die wirklich feinen und exklusiven Persönlichkeiten, für Menschen, deren Außergewöhnlichkeit sich erst einmal aus der vermuteten Höhe des Mitgliedsbeitrags errechnen ließ, die aber – und das

MUR

war das Wichtigste – so angezogen waren, dass sich jede weitere Diskussion über ihre Exklusivität einfach erübrigte: Der Golfer trug eine britische Schiebermütze, vor allem aber trug er Knickerbocker oder lange karierte Hosen, im Idealfall karierte Knickerbocker.

Schon richtig, unsereiner hätte so etwas nie anziehen wollen, aber das war ja gerade der Sinn dieser großartigen Bekleidungsvorschriften: dass Leute wie wir fern gehalten wurden von einer Sportart, die in Wahrheit eine Weltanschauung war. Oder mindestens das weithin sichtbare Signal an die Welt, dass der Knickerbocker-Träger den Durchbruch nach oben geschafft hatte.

So war das lange Zeit, und es war gut so. Und wie ist es jetzt, wo man es sich endlich selber vielleicht leisten könnte, mit einer Schiebermütze für 150 Euro das angemessene Aufsehen zu erregen? Jetzt sind auch auf dem Green alle Barrieren der Distinktion niedergerissen, jetzt würde ich auf dem Golfplatz mit meiner Schiebermütze nur noch verlacht werden. Menschen mit umgedrehten Baseball-Mützen auf dem Kopf sieht man inzwischen in kurzen Hosen übers Gelände laufen, so als gingen sie – man mag es kaum niederschreiben – zum Inlineskaten. Immer weniger Golfer finden etwas dabei, den Mitspielern und ihren Damen den Anblick ihrer Oberschenkel und Waden zuzumuten, und niemand nimmt daran Anstoß; außer in Südafrika, wo der Golfer, wenn er schon in Shorts erscheint, wenigstens lange Kniestrümpfe tragen muss. (Es wäre mir aber, ehrlich gesagt, doch ein wenig zu anstrengend, zu meinen Golf-Wochenenden immer nach Kapstadt fliegen zu müssen.)

Schon sollen die ersten Leute mit Jeanshosen oder Jeansjacken auf Golfplätzen gesehen worden sein, was sich eigentlich schon wegen des Aufeinanderprallens von Blau und Grün verbieten müsste: Aber auch der Widerstand gegen diese Ungeheuerlichkeit bricht gerade zusammen. Vermutlich werden demnächst die ersten Damen in Hot Pants, süß seufzend, einen Befreiungsschlag aus dem Bunker versuchen. Schrecklich, nicht wahr?

Obwohl, wenn ich darüber nachdenke: Vielleicht wäre das jetzt doch der richtige Zeitpunkt, um mit dem Golfen zu beginnen... *rhy*

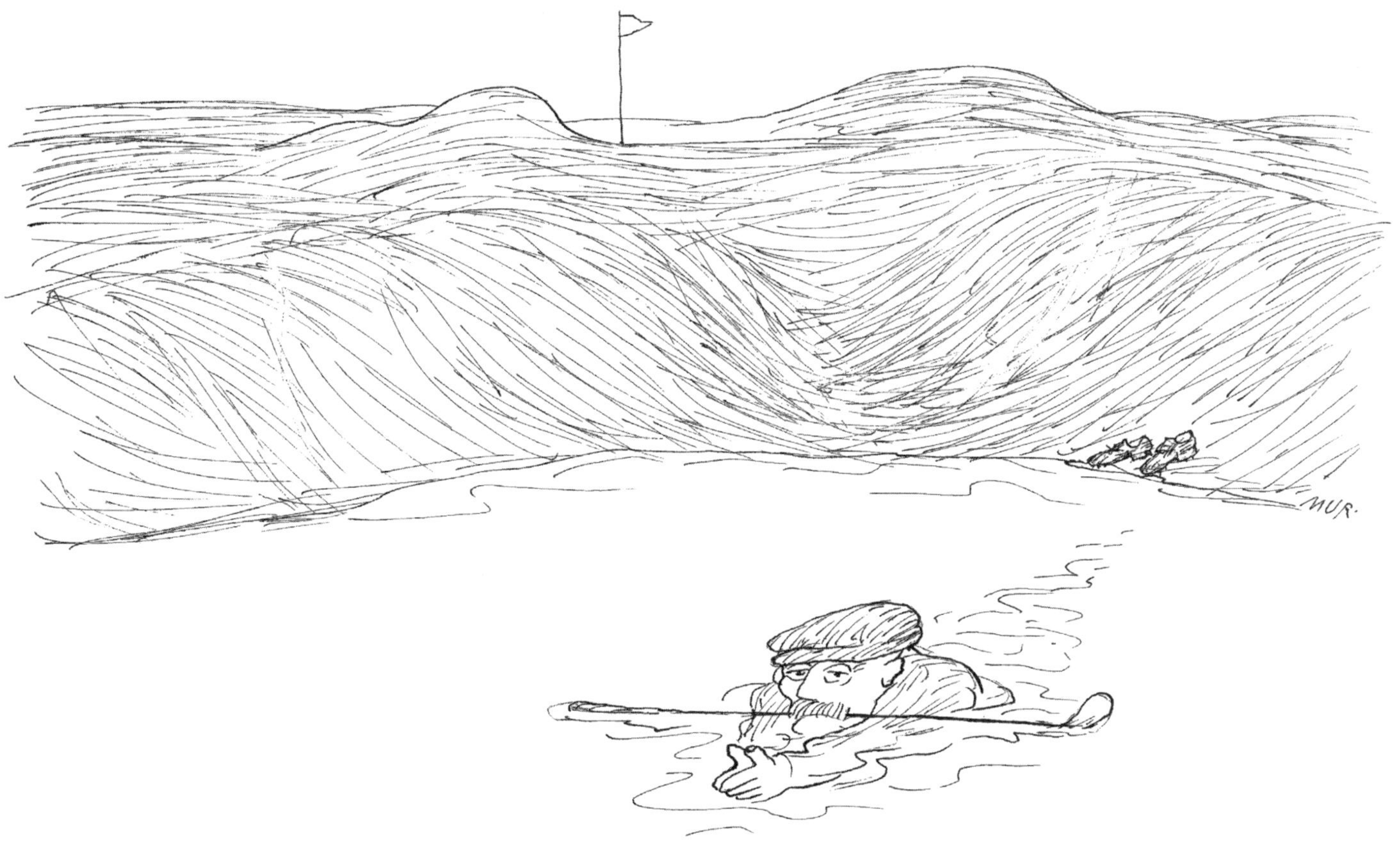

Erklärungsnotstand

Warum die Frage nach dem Handicap so schwer zu beantworten ist

Was ist eigentlich ein Handicap?, fragte mich neulich Tante Anni, die dem Golfsport näher treten will, weil nicht weit von ihrem Haus ein Golfplatz gebaut werden soll.

Da muss ich ein bisschen ausholen, sagte ich. Als ich bei den vorgabewirksamen Wettspielen auf einem 18-Loch-Kurs mit den üblichen zehn Par-Vier-, vier Par-Drei- und vier Par-Fünf-Löchern angelangt war, ging sie wortlos hinaus, um den Kuchen zu holen. Später, als ich mich beim Course Rating ein bisschen verhedderte, werkelte sie schon wieder in der Küche herum.

Mein verstorbener Mann konnte mir auch die Abseitsregel nie erklären, sagte sie, als sie mit frischem Kaffee zurückkam. Hast du überhaupt ein Handicap?

Natürlich, sagte ich, nach so vielen Jahren wäre es furchtbar, keins zu haben.

Und was für eins?

14.

Ist das gut?

Na ja, so mittel, eigentlich nicht gut, wenn man bedenkt, wie lange ich schon spiele.

Aha, es kommt auf die Jahre an.

Eigentlich nicht, man kann auch sehr schnell sehr gut werden, wenn man Talent und viel Zeit hat.

Und das hast du nicht, sagte sie. Es klang wie eine Feststellung.

Natürlich habe ich Talent, sagte ich trotzig.

Mein Steuerberater ist viel älter als du, er hat Handicap 11, warf sie nun ein.

Ja, das ist möglich, sagte ich leicht bekümmert.

Aha, konstatierte sie, beim Golf ist es wie beim Rotwein. Je älter, umso besser.

Nicht ganz, irgendwann tun dir ja die Knochen weh...

Ich dachte, man könnte Golf bis ins hohe Alter spielen?

Ja schon, aber es geht mit dem Handicap leider wieder aufwärts.

Du meinst abwärts.

Nein, beim Golf geht es aufwärts. Aufwärts heißt schlechter, abwärts besser.

Seltsamer Sport, meinte sie. Überall, im Sport, im Leben, will man höher hinauf, nur beim Golf nicht. Was hat eigentlich Bernhard Langer für ein Handicap?

Null.

Was, der hat kein Handicap? Der ist doch unser Bester.

Null ist am besten. Wie gesagt, es geht abwärts.

Was hat dann Tiger Woods, der ist doch noch besser als Langer?

Auch Null.

Aber wenn der doch besser ist, dann müsste der doch, sagen wir, eine Doppel-Null haben, so wie James Bond beispielsweise?

Alle Profis haben Null. Amateure können das aber auch haben.

Sie überlegte. Welchen Vorteil hat denn ein guter Spieler, so mit Handicap drei oder vier? Solche habt ihr doch in eurem Club.

Erstens ist es natürlich toll. Allerdings ist für einen solchen Spieler jede Runde ein einziger Stress, weil er sein Handicap beweisen will und schlechteren Spielern ein paar Schläge vorgeben muss. Viele spielen keine Turniere mehr, weil sie Angst um ihr Handicap haben. Spielt einer schlecht, geht es sofort aufwärts, soll heißen, abwärts. Wenn so einer wirklich ein Turnier spielt, muss er im Übrigen in aller Hergottsfrühe aufstehen, weil er viel früher abschlagen muss als die schlechteren Handicaps. Und dann muss er lange warten bis zur Siegerehrung am Abend, weil die letzten, die mit den schlechten Handicaps, erst beim Sonnenuntergang ins Clubhaus zurückkommen. Außerdem haben diese guten Spieler familiäre und berufliche Probleme.

Das musst du mir erklären, warf die Tante ein.

Nun, Golf und Familie gehen schlecht zusammen und unter Fachleuten weiß man, das Handicap steht in vielen Fällen für die Zahl der Arbeitstage pro Monat. Handicap vier ist beispielsweise keine Empfehlung in der Firma.

Ich verstehe das nicht ganz, sagte Tante Anni, aber ich hoffe, ich werde nie so gut sein. Dein Handicap 14 ist dann aber eigentlich ganz prima.

Ja, sagte ich leise, aber ich würde trotzdem gern besser spielen. Viel besser.

Da berührte sie zärtlich meinen Arm und sagte: Ich glaube, ich will überhaupt kein Handicap. So wie sie das Wort jetzt aussprach, hörte es sich an wie Steinbruch, Mobbing und Bandscheibenvorfall zusammen. Ich wusste, sie hatte die Sache begriffen. *fi*

Beziehungskisten

Wenn Golf die Gefährtin langsam aus dem Leben verdrängt

Männer und Frauen passen nicht zusammen, leider. Immer wieder werden Gegenbeweise gesucht, immer wieder gibt es gute Zwischenergebnisse, manchmal sogar eine Ausnahme, die die Regel bestätigt. Aber dann verkündet ein zärtlich liebender Mann eines Morgens seiner Freundin beim Frühstück, er werde jetzt mit dem Golfen beginnen. Genauso gut könnte er gleich, auf Bütten, das Ende seiner Beziehung bekannt geben.

Ich muss zugeben, dass ich das alles nur aus Erzählungen kenne, aber in denen klingt der Sachverhalt überaus dramatisch. Ich habe mit Frauen gesprochen, die ihre kleinen Kinder an den Wochenenden zu abgelegenen Golfplätzen schleppen, damit sie wenigstens einmal ihre Väter sehen. Ich weiß von Damen, die sich für die Samstage einen Liebhaber genommen haben, weil sie sicher sein können, dass an diesem Tag, bei jedem Wetter, mit dem Gatten verlässlich nicht zu rechnen ist. Wieder andere Frauen sind seit Jahren beim Verhaltenstherapeuten, um Strategien des Weghörens zu lernen, weil sie es schlicht nicht mehr aushalten, bei jedem ehelichen Gespräch erläutert zu bekommen, wie göttlich ihr Ehemann vor dem siebten Loch den Ball aus dem Bunker geschlagen hat.

Es muss etwas einmalig Schreckenerregendes sein an dieser Selbstbeweihräucherung des Golfers. Nur mit einer gewissen Verzweiflung der Partnerin ist schließlich der sehr hässliche Witz zu erklären, den ich hier nur aus Gründen der Aufklärung und Abschreckung mit der gebotenen Abscheu weitergebe: Er handelt von jener Frau, die sich in

MUR.

die Zeiten zurücksehnt, in denen ihr Mann statt zum Golfen noch ins Freudenhaus ging. Über seine Erlebnisse dort habe er wenigstens hinterher nichts erzählt. Ein sehr hässlicher Witz, wie gesagt.

Es gibt dann natürlich noch die andere Möglichkeit: Eine Frau erkennt die Gefahr und beginnt ebenfalls mit dem Golfsport, um alles mit dem Geliebten, dem geliebten Mann zu teilen. Auf den ersten Blick ist das ein Ausweg aus dem Dilemma, bei näherem Hinsehen aber meist nur ein schnellerer Schritt in Richtung Abgrund. Denn wie wird es weitergehen? In der harmloseren Variante gibt sich die Schöne die allergrößte Mühe, alles zu lernen, ist aber ein wenig verspielt und begleitet bald jeden ihrer 125 Schläge, mit denen sie über den Platz stolpert, mit einem fröhlichen »Huch«. Es hängt vom Temperament ihres Partners ab, ob er diese spitzen Schreie besser aushält, als er jene anderen Gefühlsausbrüche verkraften würde, bei denen die Frau über jeden ihrer Fehlschläge immer wütender wird, bis sie endlich herausfindet, wer an allem schuld ist: der Mann natürlich.

Innerhalb dieser Abteilung hätten wir dann noch die schrecklichste aller Möglichkeiten: Es kommt auch vor, dass die Frau nach wenigen Wochen sich sehr viel geschickter anstellt als ihr Gatte, welcher schon seit mehreren Jahren vergeblich versucht, ein besseres Handicap zu kriegen. Aus solchen Konstellationen sollen schon Morde entstanden sein.

Aber kein Wort mehr, dieses Büchlein soll ja – glaube ich – den Menschen Appetit machen aufs Golfen. Und es ist ja wahr: Auch beim Halma passen Männer und Frauen nicht zusammen. *rhy*

Neulich am 5. Grün

Warum Golfer über nichts anderes reden als über ihr eigenes Schicksal

Als Nichtgolfer unter Golfern – das muss die Hölle sein. Golfer reden nämlich unentwegt über Golf und das in einem Fachchinesisch, das kein normaler Mensch verstehen kann. Sie reden darüber in der Firma und in der Kneipe, in den Ferien und zu Hause, vor dem Spiel und nach dem Spiel. Es sind vor allem die Männer. Golf spielende Frauen haben offenbar auch noch andere Themen.

Hört zu, das 4. Loch bei uns im Club ist doch normalerweise kein Problem für mich. Letzte Woche beim Monatsbecher habe ich wieder ein Birdie gespielt. Und heute, ein Doppelbogey. Und wisst ihr warum? Also...

Falls ihnen wirklich die berichtenswerten Schläge ausgehen, was höchst selten der Fall ist, reden sie über Handicaps, über Bernhard, Monty, Tiger und die anderen, über die unverschämten Greenfees zwischen Marbella und Albufeira oder über golfballklauende Affen irgendwo im afrikanischen Busch. Das aber nur in der Not.

Am liebsten reden Golfer über sich und ihre Schläge, über grauenvolle Lagen, großartige Befreiungsschläge, unglückliche Bounces, 280 Meter lange Abschläge (okääääh, ein bisschen Rückenwind war dabei), zehn Meter breite Drivezonen (natürlich getroffen!), grandiose Scores und furchterregende Spiegeleier im Sand.

Ihr kennt doch den Riesenbunker auf dem King-Course in Gleneagles. Mein Ball nicht mehr zu sehen. Ich nehme also das Sandwedge und schaue mich vorsichtig um...

Das Problem unter Golfern ist, dass jeder von seinem Schicksal erzählen will, und so wartet, ja lauert ein jeder nur drauf, dass der andere eine winzige Pause einlegt, um ihm endlich ins Wort fallen zu können. Erfahrene Runden-Schilderer reden deshalb ohne Punkt und Komma, so wie es Politiker tun oder der Fußballer Lothar M., der unter Sportjournalisten den Beinamen »die Schallplatte« trägt.

Wenn so ein Golfer von seinen Kameraden im Clubhaus allein zurückgelassen wird, wird er sich auf andere Leute werfen, um ihnen zu berichten. Ich kannte eine Bedienung in einem Münchner Golfclub, die hörte sich das nur kurz an, dann zog sie eine Art Visitenkarte aus ihrer Geldtasche, auf der in etwa zu lesen stand: Ich habe von den dramatischen, ja tragischen Ereignissen, die Ihnen gerade auf der Runde widerfahren sind, schon gehört. Nehmen Sie dies als Zeichen meiner Anteilnahme.

Ziemlich rüde für eine empfindsame Golfer-Seele, wenn der Mitteilungsdrang so jäh und so mokant gestoppt wird. Die Frau arbeitet jetzt auf einer Kegelbahn.

Was ich noch sagen wollte. Neulich auf dem leichten 4. Loch, ein Birdie-Loch, spiele ich doch tatsächlich ein Doppelbogey. Und das kam so…

Ach, das sagte ich schon.

Kennen Sie den neuen Platz auf Mallorca schon? Gleich bei Palma. Müssen Sie unbedingt spielen. Am 7. Loch, ein Dogleg links, nehme ich den Driver aus der Tasche, was natürlich äußerst verwegen war… *fi*

Wahlkampf

Warum Golf eine ideale Sportart ist, um Sympathien zu gewinnen

In ernsten Zeiten, sagt ein neuerdings wichtiger Medienberater, in ernsten Zeiten also brauche es einen ernsten Kandidaten. Was dieser kategorische Imperativ zum Wahlkampfjahr mit dem Thema Golf zu tun hat? Das liegt ja nun wirklich auf der Hand: Wir müssen nämlich der Frage nachgehen, ernsthaft natürlich, was dieser Ernst denn in der Praxis zu bedeuten haben könnte, und dürfen dabei nicht bei dem Problem stehen bleiben, ob ein gewisser ernster Politiker aus Bayern nun seinen Orden wider den tierischen Ernst zurückgeben muss, über den sowieso viele gelacht haben, als sie seinerzeit von der Verleihung erfuhren. Nein, wir gehen es größer an und fragen uns, ob die Zeiten so sind, dass ein Politiker, der gewählt werden möchte, in den nächsten Monaten Golf spielen dürfte.

Es ist ja, auch an dieser Stelle, schon öfter beklagt worden, dass Golfen in breiten Kreisen der Bevölkerung noch immer das Image hat, es handele sich dabei um einen Sport für jene Sorte von Wohlhabenden, die sehr viel Zeit haben. So schön es nun wäre, wenn beide Aussagen auf unsereinen zuträfen – der gewählt werden wollende Politiker wird sich eher nichts von einem solchen Persönlichkeitsprofil versprechen, nicht bei mehr als vier Millionen Arbeitslosen. Das ist auch der Grund, aus dem wir Herrn Schröder in den Sommerferien höchstens ein wenig werden Tennis spielen sehen an der Seite seiner Gattin, wohingegen Herr Stoiber die oberbayerischen Berge durchwandern wird, wenn zufällig ein Fotograf in der Nähe ist. Auf jeden Fall werden die beiden große Umwege um alle Golfplätze machen – und damit einen großen Fehler.

Ich versuche im Folgenden mal herauszuarbeiten, was einen guten Golfer und einen guten Politiker verbindet und was man wechselseitig voneinander lernen könnte. Was beispielsweise braucht der Sportsmann beim Einputten? Richtig, er braucht eine ruhige Hand, genau wie ein Bundeskanzler in Berlin sie seit Monaten zu haben behauptet, wobei dem freilich manche Beobachter den Vorwurf machen, sie sei nur deshalb so ruhig, weil er sie in der Hosentasche habe und gar nichts mit ihr tue. Diese Spielart der ruhigen Hand wäre also falsch – so kriegt man weder einen Ball ins Loch noch eine Steuerreform geregelt.

Weil auf diesem Gebiet also Missverständnisse nahe liegen, begeben wir uns lieber schnell auf ein anderes Feld – das der Kommunikation. Alle Golfer, die ich kenne – mal abgesehen von einem Misanthropen, der nur gegen sich selber spielt, im Morgengrauen –, alle anderen also sagen, dass man beim Golf so wahnsinnig gut ins Gespräch kommt mit wildfremden Leuten. Und? Ist das nicht genau das, was der Politiker im Wahlkampf braucht? Und ist die dazugehörige Atmosphäre nicht viel angenehmer als morgens früh um fünf Uhr an der S-Bahn?

Auf dem Golfplatz ist das Ansprechen des Nächsten ganz normal und niemand wird etwas dabei finden, wenn der Spieler S. nach halbwegs geglücktem Abschlag elegant darauf zu sprechen kommt, dass ähnlich hoch wie seine Bälle auch seine reformerischen Gedanken fliegen und dass er sich deshalb erlaube, dem verehrten Mitspieler kurz einen kleinen Prospekt in die Golftasche zu stecken, ganz unverbindlich natürlich. Schon hat er einen potenziellen Wähler – und es zwingt ihn ja niemand, bei seinem nächsten Auftritt in einem mecklenburgischen Altersheim davon zu schwärmen, wie er unlängst beinahe einen Birdie geschlagen hätte, wenn er nur das rechte Eisen genommen hätte. Die Leute dort würden das nicht ganz zu würdigen wissen.

Abgesehen davon bringt der Golfsport dem Politiker alles, was er braucht in stressigen Zeiten: viel frische Luft, hin und wieder ein Erfolgserlebnis und vor allem die nötige Ablenkung von den oft allzu großen Herausforderungen seines verantwortungsvollen Amtes. Er sollte nur, wenn er zum Beispiel Minister ist, darauf achten, dass es sich nicht herumspricht, wenn er dreimal die Woche fünf Stunden über den Platz zieht. Es könnten sonst ein paar Leute sagen, es mache für das Gemeinwohl sowieso keinen Unterschied, ob der Mann am Schreibtisch sitze oder golfe, nur dass er im zweiten Fall eine gesündere Gesichtsfarbe bekomme. Dabei stimmt das gar nicht: Man hört von so viel Unheil, das Politiker in ihrem Amte anrichten können. Auf dem Golfplatz ruinieren sie höchstens mal ein Stück Rasen. Da braucht der Wähler doch nicht lange darüber nachzudenken, was ihm lieber ist, oder? *rhy*

Mein Jahr

WAS DER GOLFER F. SEINEM GEHEIMEN TAGEBUCH ALLES ANVERTRAUT HAT

12. Februar – Gerade in Reisekatalogen geblättert. Portugal oder Spanien, das ist jetzt die Frage. Draußen stürmt's und regnet's. Dieses Jahr wird mein Jahr. Das Handicap kommt runter. Um mindestens drei Punkte. Wäre ja noch schöner.

14. März – In Portugal stürmt's und regnet's. Die Bandscheibe zwickt. Das Fräulein Freundin weist mehrmals am Tag darauf hin: Portugal ist halt nicht Mittelmeer. Jaaaaa, es liegt am Atlantik!

Mitte April – Irgendwie sind Golfstunden entwürdigend. Als alter Golfer und erwachsener Mensch muss man sich von einem jungen Engländer die Hände und Arme verbiegen lassen. Aber dieses Jahr wird mein Jahr.

28. April – Heute beim Angolfen gewesen. Auf den ersten neun Löchern fünf Pars gespielt. Auf Loch 13 hört diese grässliche Mitspielerin einen Doppelschlag. Ich nicht. Von da an keinen Ball mehr getroffen. Ich werde keine Turniere mehr spielen.

Mitte Mai – Ich werde noch viele Turniere spielen, weil ich eine Wette eingegangen bin. Wenn ich mich nicht um drei Punkte verbessere, muss ich meinen Freund, den Anwalt, nebst Anhang zum Essen einladen. Das Lokal bestimmt er. Leichtsinnig von mir. Aber Ansporn muss sein.

Anfang Juni – Regen, Regen, Regen. Wann gibt es in diesem Land einmal Sonne? Wie soll man sein Handicap verbessern, wenn man bis zu den Waden im Morast steht?

9. Juni – Beim Monatsbecher mitgemacht. Drei Damen im Flight. Sehr hübsch. Habe betont elegant, fast anmutig, aber leider grottenschlecht gespielt. Damen waren sehr mitleidsvoll. Irgendwie ist das schlimmer als Spott.

20. Juni – Mein Freund, der Anwalt, hat sich irgendwo bei irgendeinem Turnier irgendwie heruntergespielt. Und das mit seinem Gorilla-Schwung. Und ich schwinge wie Ballesteros in seinen besten Tagen und komme nicht einmal in die Schonschläge. Golf ist ungerecht.

Anfang Juli – Neues Gerät gekauft. Neue Hölzer. Teuer. Aber man muss investieren. Das wird nämlich doch noch mein Jahr. Leider tagelang nichts getroffen. Der Pro sagt, erst Stunden nehmen. Verbiegt mir wieder Hände und Arme.

12. August – Pech. Pech. Pech. Sehr gut gespielt bis zum 14. Loch. Dann dieser Gewittersturm, Clubhaus noch unversehrt erreicht, aber kein besseres Handicap.

22. August – Unglück im Glück. Das erste Hole-in-One meines Golferlebens gespielt. Auf dem schweren 17. Loch. Leider niemand dabei gewesen. Fräulein Freundin schwört, dass sie es glaubt, und grinst. Golf ist so gemein.

25. August – Grauenerregend diese Hitze. Gibt es eigentlich in diesem Land ideales Golfwetter?

1. September – Zahnarzt L., der auch immer kürzer wird, bringt jetzt seinen Sohn mit. Der picklige Knabe haut den Ball einen halben Kilometer weit und motzt dann herum, dass die Kugel nicht Mitte Fairway liegt, sondern ein bisschen rechts oder links. Und der Vater stolziert herum wie ein Torero.

14. September – Der Schwung von meinem Freund, dem Anwalt, wird immer scheußlicher. Und er hat sich wieder heruntergespielt. Verstehe die Welt nicht mehr. Er hat schon das Restaurant benannt, in

das er von mir eingeladen werden will. Sauteuer. Muss wahrscheinlich einen Kleinkredit aufnehmen.

22. September – Extra 120 Kilometer zu einem Turnier gefahren, weil der Platz trotz dieses dämlichen Course Ratings als leicht gilt. Aber Handicap wieder verschlechtert. Ein Socket plagt mich. Und die bewusste Bandscheibe.

Anfang Oktober – Noch haben wir ein Turnier. Vielleicht wird es doch noch mein Jahr. Sie schneiden nämlich die Roughs zurück. Aber die Bälle fliegen nicht mehr so gut im Herbst, sagt der Pro. Er hat mir wieder die Hände und die Arme verbogen.

6. Oktober – Großartig gespielt. Bin jetzt einstellig. Tiger Woods hat angerufen, Bernhard Langer hat mir gratuliert. Mein Freund, der Anwalt, hat vor Zorn seine Schläger zerbrochen. Der Sohn des Zahnarztes hat geweint. Bin dann aber leider aufgewacht.

17. Oktober – Wahnsinn, wie schnell die Saison vorbeigeht, und man wird ja nicht jünger. Diesmal fahren wir im Winter nach Spanien. Marbella oder so. Liegt garantiert am Mittelmeer. Nächstes Jahr wird mein Jahr. Ich spüre es schon. *fi*

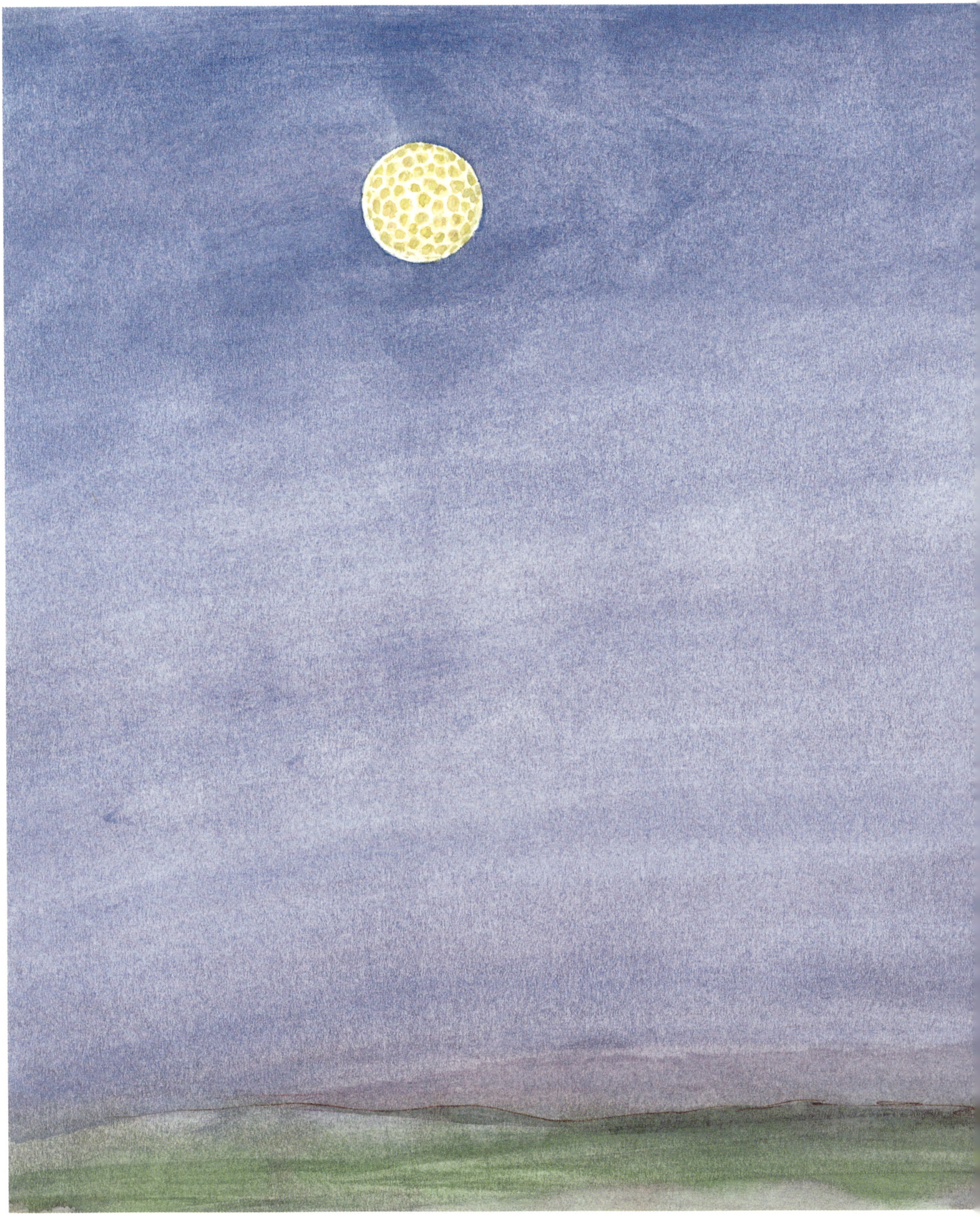

Ach, Martha

Warum die Debatte um die Zulassung von Frauen in Augusta so wichtig ist

Ach, wie einfach wäre es, ein Frauenversteher zu sein und auf diese Weise den Frauen zu gefallen allüberall auf der Welt. Was müsste ich zum Beispiel anderes tun, als an dieser Stelle einen kriecherischen Hymnus auf Martha Burk zu verfassen – und mit deutlichen Worten zu erkennen zu geben, wie sehr ich ihrem momentan zentralen Lebensanliegen verbunden bin. Wie bitte, Sie wissen gar nicht, wer Martha Burk ist? Wenn Sie nicht einmal diese Heldin der neuen Zeit kennen, dann kriegen Sie natürlich nie einen fortschrittlichen Namen in der Geschichte der Freiheitsrechte.

Frau Burk ist (oder möchte sein) auf ihrem Gebiet, was Gandhi für die Befreiung Indiens war und bei uns Alice Schwarzer für die Befreiung der Frauen gegen die deutschen Machos und früher ein gewisser Spartacus für den Aufstand der Sklaven im alten Rom. Mit Recht sind Sie, verehrter Leser, bis jetzt davon ausgegangen, dass ich schon immer auf der Seite all dieser Freiheitskämpfer und Gleichberechtigungs-Voranbringer gestanden habe; so kennt mich die Welt und es stimmt ja auch nur nicht im Falle der Martha Burk.

Die Dame Burk ist die wahrscheinlich weltweit engagierteste Vorkämpferin für die Befreiung des Golfballs aus den Fängen des Machismo. Wie das kam, ist präzise überliefert: Eines Tages nämlich saß unsere Freundin und Heldin nichts ahnend vor dem Fernsehgerät in ihrem heimischen Wohnzimmer, sah bei einem Golfturnier zu, und zwar eher gelangweilt, weil sie nämlich – denke ich mir – als traurige Laiin in Wahrheit einen Golfball nur mit Mühe von einem Kartoffelknödel wird unterscheiden können; sie nahm aber dann doch zur Kenntnis, dass ein gewisser Tiger Woods schon zum dritten Mal in der Stadt Augusta, Georgia, einen Knödel im entscheidenden Moment ins richtige Loch gekullert hatte oder so ähnlich.

Und dann kam leider, was kommen musste: Es erschien ein älterer Herr auf dem Bildschirm, um sich (»Ich bin Hootie Johnson, Präsident des Augusta National Golf Club«) in seiner ganzen männlichen Schönheit zu produzieren und dem überaus maskulinen Tiger den Siegespokal zu überreichen. Dass nur ein Mann als Preisträger überhaupt in Frage kam, hatte Martha erst ein paar Tage zuvor aus der Zeitung erfahren, als man ihr mitteilte, dass Hooties Club inzwischen seit 71 Jahren eine frauenfreie Bastion sei und dass das, wenn es nach dem Willen Hooties und seiner Kumpane ginge, mindestens die nächsten 71 Jahre so bleiben müsse, im Grunde natürlich immer.

Dies gesehen habend ging Martha jetzt – Frauen sind ja leider manchmal ein wenig unbeherrscht – die Galle über. »Hootie Johnson«, soll sie vor ihrem Fernseher gezischt haben, »ich werde dir einen Brief schicken!« Seitdem ist Amerika auf einem weiteren Feld in mindestens zwei Hälften zerrissen. Der Hinweis muss genügen, dass auf allen Seiten mit langen Eisen gekämpft wird; und dass natürlich die ersten Männer, sogar gut Golf spielende, langsam dabei sind, umzufallen in Richtung der Mädels, das hätte man sich ja denken können. Wenn es so weitergeht, wird – schon wegen der sonst ausbleibenden Sponsorengelder – in fünf Jahren die erste Frau am Abschlag in Augusta zu sehen sein und in weiteren fünf wird die Satzung dann festhalten, dass es frauenfeindlich ist, wenn bis dahin noch immer keine Frau das Masters-Turnier gewonnen hat.

So wird das kommen, aber darum geht es mir gar nicht. Mir geht's um nichts Geringeres als um die Fortentwicklung der Menschheit.

Es gibt da die bitterböse Geschichte von einer kleinen Diskussion, die – soviel ich weiß – auf einem bayerischen Golfgelände stattgefunden haben soll. Eine Dame hatte sich bei ihrem Pro darüber beschwert, dass der Abschlag zum siebten Loch für sie persönlich zu weit vom Ziel gelegen sei, und hatte vorgeschlagen, dass sie den Ball vielleicht ein wenig weiter nach vorne platzieren dürfe. Schon hatten wir das Desaster. Was nämlich sagte der Mann, dem es ja ein Leichtes gewesen wäre, der Sportskameradin ritterlich entgegenzukommen? Ach was, hat er gesagt, schlagen Sie doch ab, wo Sie wollen! Es ist nicht überliefert, ob die Spielerin in Tränen ausgebrochen ist oder dem Mann eine gescheuert hat; es ist aber auch egal. Wir reden hier nicht von der Änderung bestimmter Satzungsbestimmungen; wir reden von einem echten Epochenbruch. An dessen Ende werden die Männer noch schlechtere Manieren haben als bisher und die Frauen werden schlechtere Nerven haben als ohnehin schon.

Es lohnt sich einfach nicht, die Welt noch übersichtlicher zu machen, als sie ohnehin schon ist. Es muss ein paar Gewissheiten und Regeln geben, die keiner verstehen kann, und nur jenseits dieser Gewissheiten ist dann auch noch Platz für jene Überraschungen, ohne die das Leben nicht gelingt. Meine These aber ist: Je bescheuerter und sinnfreier diese Regeln sind, desto sicherer entfalten sie ihre zauberische Wirkung. Man kapiert nicht, warum die Medizinmänner einen gedrittelten Regenwurm in eine Sauce aus Krötenblut verwirbeln, bevor sie serviert wird. Und ebenso ist es mit dem Ausschluss von Frauen aus Sinfonie-Orchestern oder Golfturnieren. Man kann sie beim besten Willen weder erklären noch verantworten, aber wenn das auch noch geändert wird, dann dürfen wir bald auch nicht mehr die These vertreten, dass die Erde eine Scheibe ist. (Auf einer Scheibe kann man übrigens viel besser golfen als auf einer Kugel, oder?)

Haben Sie schon gemerkt, dass ich gerade bei einem Plädoyer für die Überraschung als Elixier des Lebens und damit bei einem Salto mortale ins Metaphysische gelandet bin? Bitte, Sie brauchen ja nicht mitzuspringen. Aber wundern Sie sich nicht, wenn ich demnächst, im Gegenzug zur Zulassung der Frauen in Augusta, die absolut niemanden mehr wird überraschen können, eine Kampagne starte, deren Ziel es ist, Männern künftig das Formen von Kartoffelknödeln zu verbieten, aus übergeordneten Gründen. *rhy*

Ich kann es

Was uns die vielen Golfwitze verraten

Es gibt keinen Sport, über den es so viele Witze gibt wie über Golf. Oder kennen Sie zufällig einen Tennis-Witz? Oder einen über Bobfahrer? Oder einen Turner-Witz? Gibt es nicht. Golfwitze existieren zahllose. Das gibt zu denken. Vor allem deshalb, weil es eigentlich ganz traurige Witze sind. Sie sind nämlich nur vordergründig lustig, schnell folgt ein bitterer Nachgeschmack, folgt Tristesse, folgt Trostlosigkeit. Nehmen Sie nur den folgenden:

Gott Vater und Gott Sohn spielen Golf. Gott Vater versucht sich mit dem Holz aus dem Rough und scheitert, er will über hohe Bäume schlagen, bleibt hängen, er will von der Bunker-Kante aufs Grün, vergeblich. Ein Flight hinter den beiden ärgert sich und einer geht nach vorne und sagt zu Gott Sohn: Sie, Ihr Herr Mitspieler, der meint wohl, er ist der liebe Gott. Daraufhin Gott Sohn: Das ist der liebe Gott, aber er meint, er ist Tiger Woods.

Was sagt uns dieser Witz? Erstens halten Golfer ihren Sport für göttlich, ER betreibt ihn schließlich auch. Das ist noch tröstlich, respektheischend. Leider, und jetzt kommt das Betrübliche, der Sport ist so schwer, dass selbst ER ihn nicht beherrscht. Und wie soll es da schlichten Erdlingen ergehen, die sich ohne göttliche Eingebungen und Wundertaten abmühen, verdrossen dem kleinen Ball nachjagen, immer am Rande der Mutlosigkeit, der schieren Verzweiflung? Auf jeden Fall auf dem Weg ins Verderben. Erlösung nicht in Sicht. Aber die Erkenntnis vor Augen: Man wird kein Golf-Heiliger wie Tiger Woods. Nicht sehr witzig, oder?

MVR.

Nehmen wir einen anderen, leider oft gehörten Witz, den es in zahllosen Abwandlungen gibt. Wir erwähnen ihn mit Abscheu und Empörung, aber zur Untermauerung unserer These und aus pädagogischen Gründen, für diejenigen, für die es noch nicht zu spät ist:

Zwei Männer spielen Golf. Da zieht am Platz eine kleine Trauerprozession vorbei, mit Pfarrer, Ministranten, schwarz gekleideten Menschen. Die beiden Golfer unterbrechen ihr Spiel, nehmen ihre Mützen ab. Nach ein paar Minuten sagt der eine: Also genug der Pietät, weiter geht`s. Der andere aber verharrt noch kurz und sagt: Einen kleinen Augenblick noch. Immerhin waren wir 32 Jahre verheiratet.

Furchtbares Schicksal. Wir meinen jetzt nicht das der armen Ehefrau. Auch dieses schlimm genug. Nein, wir meinen das des Golf spielenden Ehemanns. Pflichtbewusstsein und Verantwortungsgefühl hat er damals beim Eintritt in den Club abgegeben, er hat für Golf Familie und Beruf aufgegeben, unfähig geworden für soziale Bindungen und gesellschaftlich ausgestoßen frönt er mit einem anderen Schuldbeladenen triebhaft seiner Sucht, dem Untergang geweiht. Eine kleine Geschichte über ein großes menschliches Debakel. Ein Witz, der eine Warnung ist, auch eine Anklage. Und gerade bei denen, die ihn gern erzählen, eine kaum verhüllte Selbstanklage. Kurzer Spaß und dann? Dann doch Wehmut, Betrübnis, Kummer, Schwermut, Düsterkeit, Schmerz. Reicht die kleine Auswahl? Wir könnten noch nachreichen. Im Clubhaus lachen sie kurz Tränen, zu Hause weinen sie einsam ihr Selbstmitleid in die Kissen. Eine Schulter zum Anlehnen steht ihnen nicht mehr zur Verfügung.

Bleiben wir im Genre.

Ein Flight schreitet zum 18. Abschlag und bemerkt vorne auf dem Grün eine Menge Menschen still versammelt. Empört kommen die vier näher und erkennen eine Trauergemeinde, die sich um einen Sarg schart, der an der Fahne steht. Ehe sie losschimpfen können, werden sie von einem Trauergast besänftigt:

Da drin ruht der Meier Heinz-Dieter. War lange Mitglied hier. Wir erfüllen seinen letzten Wunsch: Er wollte wenigstens einmal tot an der Fahne liegen.

Ganz nah an die Fahne schlagen. Aus 50 oder 100 oder 150 Metern. Und nur noch ein Zentimeter-Putt. Davon träumen sie ständig, sie sind unzufrieden, wenn es nicht gelingt, und es gelingt ja so selten. Und vielen ergeht es ihr Golferleben lang wie dem seligen Heinz-Dieter. Golf ist ein Sport, der unglücklich macht. Ein einziges Ungemach, eine permanente Prüfung, eine Last, eine Plage. Keine Runde ohne Missgeschicke. Und wie oft erlebt man diese Runden des Grauens. Und ein grausames Schicksal streut dann wieder ein paar gelungene Schläge ein, damit der Sturz ins Elend noch größer wird.

Ach ja, wie heißt doch der kürzeste aller Golfer-Witze?

Ich kann es.

Spielen Sie schon oder überlegen Sie noch? Die Pforten der Golfer-Hölle sind immer geöffnet. Auf zur Selbsterniedrigung, willkommen bei den Besessenen, Entwurzelten, Freudlosen. *fi*

DIE AUTOREN

ERNST FISCHER, der inzwischen einzusehen beginnt, dass er nicht mehr einstellig wird. Freunde meinen, dass er langsam verbittert. Er besteht aber darauf, einen besonders anmutigen Schwung zu haben. Fischer ist Stellvertretender Chefredakteur der *Süddeutschen Zeitung*.

HERBERT RIEHL-HEYSE, der immer versucht hat vom Tennis zu lassen und zum Golf zu wechseln. Aber zuletzt war das Schicksal dagegen, dass aus ihm ein begnadeter Golfspieler wurde. Riehl-Heyse war Leitender Redakteur der *Süddeutschen Zeitung*.

LUIS MURSCHETZ, den ein frühes Trauma (eine Jugendfreundin spielte im Bayerischen Golf-Kader) daran hindert, wieder Golfplätze zu betreten. Er arbeitet aber an der Rückkehr. Murschetz ist politischer Karikaturist der *ZEIT* und bei der *Süddeutschen Zeitung*.

Die Texte dieses Buches erschienen in einer ersten Fassung in *Golf spielen*, dem Golfmagazin der *Süddeutschen Zeitung*.

Ullstein Verlag
Ullstein ist ein Verlag des Verlagshauses Ullstein Heyne List GmbH & Co. KG

2. Auflage 2003

Satz und Bildreproduktionen: Franzis print & media GmbH, München
Druck und Bindung: Druckerei Uhl, Radolfzell
Gedruckt auf 150gr/qm fly 05 aus der Papierfabrik Schleipen, Bad Dürkheim

ISBN 3-550-07582-0